miLibro 5

Autores y asesores

Alma Flor Ada • Kylene Beers • F. Isabel Campoy

Joyce Armstrong Carroll • Nathan Clemens

Anne Cunningham • Martha C. Hougen

Elena Izquierdo • Carol Jago • Erik Palmer

Robert E. Probst • Shane Templeton • Julie Washington

Consultores

David Dockterman • Mindset Works®

Jill Eggleton

¡Arriba la **Lectura!**™

HMH

miLibro 5

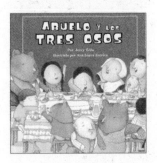

MÓDULO 10

Muchas culturas, un solo mundo

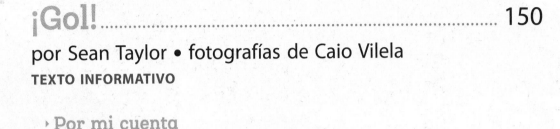

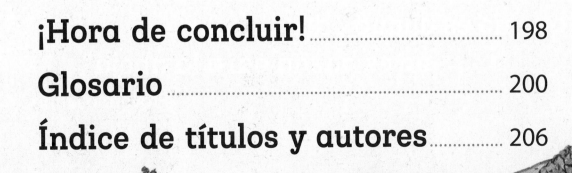

Hábitat, dulce hogar

"Lo que no es bueno para la colmena
no es bueno para la abeja".

—Proverbio latino

¿Cómo dependen unos de otros los seres vivos de un hábitat?

Video de
Mentes curiosas
▶

Palabras acerca de los hábitats de los animales

Completa la Red de vocabulario para mostrar lo que sabes sobre estas palabras.

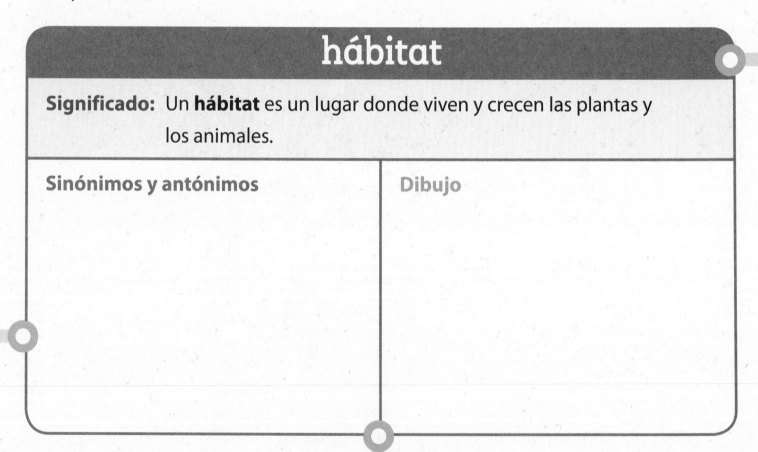

hábitat

Significado: Un **hábitat** es un lugar donde viven y crecen las plantas y los animales.

Sinónimos y antónimos

Dibujo

ZZ ZZZ

Aquí estoy tomando una siesta.

¡Las hojas de bambú son deliciosas!

Todos los animales necesitan refugio y comida. Algunos animales encuentran estas cosas en otros hábitats, como los desiertos o las praderas. Yo tengo todo lo que necesito aquí, en el bosque. No hay nada más lindo que despertar en mi árbol favorito cerca de una sabrosa comida. ¡Mi hábitat en el bosque es el hogar perfecto para mí!

Hogar dulce hogar

Puede ser difícil verme en los árboles.

13

Prepárate para leer

ESTUDIO DEL GÉNERO Los **textos informativos** son un tipo de no ficción. Presentan datos sobre un tema. Mientras lees *Un viaje muy, muy largo*, presta atención a:

- el orden de los acontecimientos
- el mensaje y los detalles
- cómo las imágenes y las palabras te ayudan a entender el texto

ESTABLECER UN PROPÓSITO **Haz preguntas** antes, durante y después de leer que te ayuden a encontrar información o comprender el texto. Busca evidencia en el texto y en las imágenes para **contestar** tus preguntas.

PALABRAS PODEROSAS
tambaleante
trinar
agazaparse
costa
brincar
bandada
ruta
fundirse

Conoce a Sandra Markle.

UN VIAJE MUY, MUY LARGO

POR SANDRA MARKLE

ILUSTRACIONES DE MIA POSADA

¡Crac!
¡Crac!
¡Cronch!

La pequeña aguja colipinta rompe, por fin, el cascarón. Sale al mundo sobre unas patas largas y **tambaleantes**. Es casi medianoche, pero es junio y, en Alaska, todavía hay luz. Un viento fresco mece el suave plumón de la recién nacida. La pequeña aguja colipinta tiembla de frío, alza el pico y pía: "¡Piii, piii!".

16

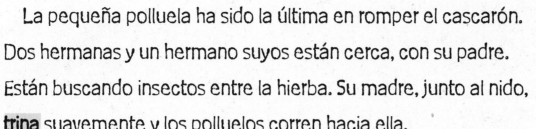

La pequeña polluela ha sido la última en romper el cascarón.
Dos hermanas y un hermano suyos están cerca, con su padre.
Están buscando insectos entre la hierba. Su madre, junto al nido,
trina suavemente y los polluelos corren hacia ella.

Se acurrucan con su hermana y, luego, su
madre se posa sobre ellos. De este modo,
la aguja colipinta más joven permanece
abrigada y se siente unida a la familia.

Durante dos días, los polluelos permanecen cerca del nido. Sus padres se turnan para posarse sobre ellos y darles calor. Entre descanso y descanso, los padres y los polluelos buscan alimento. Los padres necesitan duplicar su peso corporal antes del otoño. Los polluelos necesitan crecer y ponerse fuertes.

La pequeña polluela aprende a cazar arañas, larvas de mosquito gigante y escarabajos. Come todo lo que encuentra a su paso.

18

Poco después, la pequeña aguja colipinta y su familia se alejan más en busca de alimento. Pero casi nunca están solos. Muchas otras agujas colipintas anidan y se alimentan en esta zona despoblada de árboles. A veces, se les unen otros animales que también están buscando alimento.

Un día, un zorro ártico se acerca sigilosamente a la polluela.

19

Pero su padre divisa al zorro y grazna en señal de advertencia.

La pequeña aguja colipinta todavía no está lista para volar. **Se agazapa** y permanece inmóvil. El color de su plumón la ayuda a confundirse con la hierba. Su padre aletea y se precipita sobre el zorro.

Su madre se une al ataque, al igual que otras agujas colipintas adultas. El zorro se marcha sin su cena.

Durante casi un mes, la pequeña aguja colipinta no para de comer y crece sin parar. También le crecen plumas y pierde su esponjoso plumón.

Cuando no está comiendo, la pequeña ave salta y bate las alas, que se vuelven más fuertes con cada aleteo.

Por fin, un día, la joven aguja colipinta salta
y aletea con fuerza. Por primera vez, hace lo
que mejor hacen las agujas colipintas.

Vuela.

22

A mediados de agosto, la aguja colipinta madre se marcha.
Los polluelos se quedan con su padre. Comen y hacen prácticas
de vuelo durante horas, para que sus alas se vuelvan aun más
fuertes. Finalmente, siguen a su padre hacia la **costa**. Se suman
a miles de agujas colipintas que se reúnen en las marismas del
cabo Avinof, en Alaska.

La joven ave **brinca** sobre el lodo con sus largas patas. Cada
uno o dos pasos, mete su largo pico en el suelo fangoso en
busca de lombrices y pequeñas almejas para alimentarse.

23

En septiembre, una tras otra, las **bandadas** de agujas colipintas adultas van abandonando las marismas.

Para mediados de octubre, prácticamente ya solo quedan aves jóvenes. La pequeña ave es una más de la bandada. Hace prácticas de vuelo con el resto de las agujas colipintas. Entre un vuelo y otro, se alimenta junto a las demás. No deja de comer y comer, así que se pone cada vez más robusta.

Finalmente, cuando las nubes oscuras cubren el cielo, la pequeña aguja colipinta emprende el vuelo con el resto de la bandada. Los fuertes vientos la empujan hacia el sur. Su largo viaje ha comenzado.

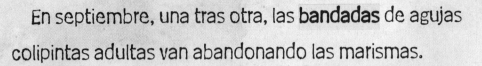

24

La pequeña ave vuela a través de cielos extraños y sobre mares desconocidos.

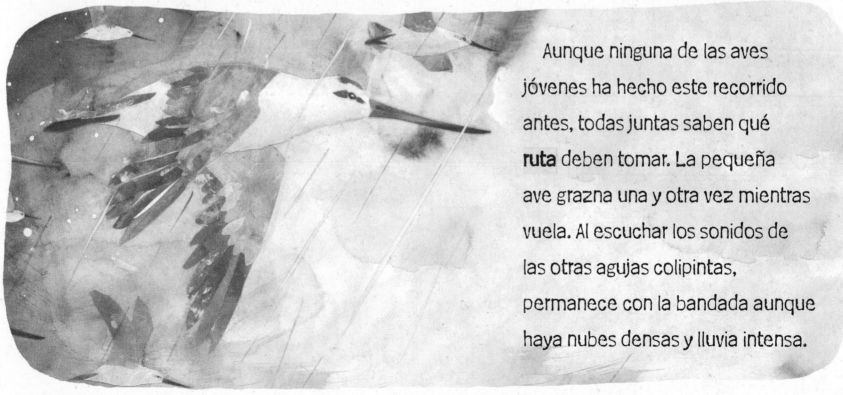

Aunque ninguna de las aves jóvenes ha hecho este recorrido antes, todas juntas saben qué **ruta** deben tomar. La pequeña ave grazna una y otra vez mientras vuela. Al escuchar los sonidos de las otras agujas colipintas, permanece con la bandada aunque haya nubes densas y lluvia intensa.

25

Un día, un halcón peregrino que está cazando sobre una isla se lanza en picado desde las nubes con las alas plegadas y las garras extendidas.

El halcón apunta directamente a la joven ave, pero ella aletea con fuerza, asciende rápidamente y ¡logra escapar! Otra aguja colipinta no corre la misma suerte.

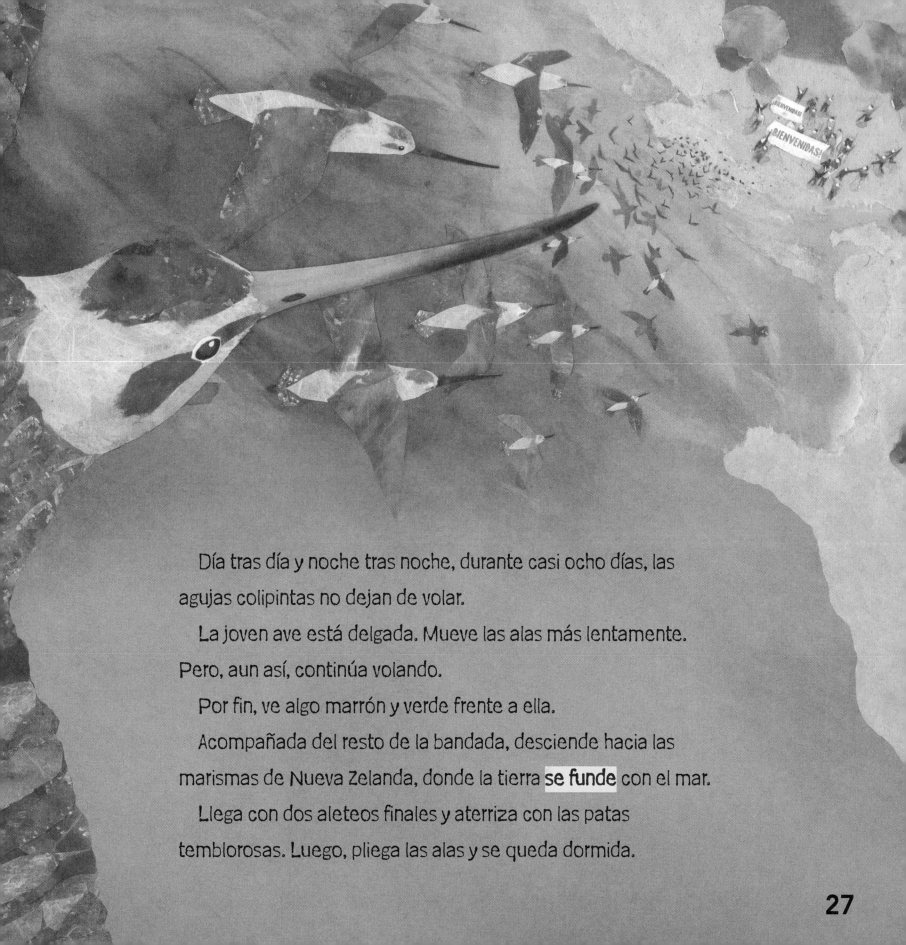

Día tras día y noche tras noche, durante casi ocho días, las agujas colipintas no dejan de volar.

La joven ave está delgada. Mueve las alas más lentamente. Pero, aun así, continúa volando.

Por fin, ve algo marrón y verde frente a ella.

Acompañada del resto de la bandada, desciende hacia las marismas de Nueva Zelanda, donde la tierra **se funde** con el mar.

Llega con dos aleteos finales y aterriza con las patas temblorosas. Luego, pliega las alas y se queda dormida.

Sin embargo, no permanece dormida por mucho tiempo. Necesita alimentarse para recuperar las fuerzas. Se quedará en Nueva Zelanda dos años, hasta que esté lista para criar a su propia familia. Después, cuando llegue marzo con sus vientos fríos, se unirá de nuevo a la bandada de agujas colipintas para emprender un viaje muy, muy largo de vuelta a Alaska.

Conversación en parejas

Usa detalles de *Un viaje muy, muy largo* para contestar estas preguntas con un compañero.

1. **Hacer y contestar preguntas** ¿Qué preguntas te hiciste sobre la aguja colipinta antes, durante y después de leer? ¿Cómo te ayudaron tus preguntas a comprender el texto?

2. Los polluelos de aguja colipinta se quedan con sus padres cuando son pequeños. ¿Cómo los ayuda esto a sobrevivir?

3. Usa lo que aprendiste del texto para explicar cómo sería ser un polluelo de aguja colipinta.

Sugerencia para la conversación

Escucha con atención y amabilidad. Di qué te gusta de las ideas de tu compañero.

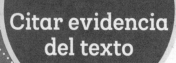

Escribir un diario de viaje

INDICACIÓN ¿Cómo describiría la joven aguja colipinta su migración de Alaska a Nueva Zelanda? ¿Qué ve, oye y siente? Usa detalles del texto y de las ilustraciones para explicar tus ideas.

PLANIFICA Primero, busca detalles en las palabras e ilustraciones para mostrar lo que la aguja colipinta ve, oye y siente durante su largo viaje. Agrégalos a la tabla.

Ve	Oye	Siente

ESCRIBE Ahora, escribe una entrada de diario de viaje desde el punto de vista de la aguja colipinta. Recuerda:

- Usa las palabras *me* y *mí* para describir el viaje como lo haría la aguja colipinta.

- Describe los acontecimientos de su viaje en orden.

_____

_____

_____

_____

_____

_____

_____

_____

_____

_____

Prepárate para leer

ESTUDIO DEL GÉNERO Los **textos informativos** son un tipo de no ficción. Presentan datos sobre un tema.

HACER UNA PREDICCIÓN Da un vistazo a "¡Lobos al rescate!". Las ideas acerca de los lobos han cambiado con los años. ¿Qué crees que aprenderás al leer este texto?

_____

_____

_____

_____

_____

_____

_____

ESTABLECER UN PROPÓSITO Lee para descubrir cómo los lobos pueden ser una parte importante de un hábitat natural.

¡Lobos al rescate!

LEE ¿Qué acontecimientos provocaron otros acontecimientos?

Hubo un tiempo en que los lobos grises no eran bienvenidos en Estados Unidos. Los granjeros decían que los lobos mataban a sus animales, así que ellos mataban a los lobos para proteger a sus animales. Para 1926, no quedaban lobos en el Parque Nacional Yellowstone, un gran parque de Wyoming, Montana e Idaho. Pero luego los científicos se dieron cuenta de lo importantes que habían sido los lobos para el parque. Cazaban ciervos canadienses para comer. Sin los lobos, el número de ciervos canadienses creció y creció.

> **Para leer con atención**
>
> Escribe un **?** junto a las partes sobre las que tienes preguntas.

VERIFICAR LO QUE ENTENDÍ

¿Cuál fue la causa de que aumentaran los ciervos en Yellowstone?

_____

LEE ¿Qué sucedió luego en el parque?

A los ciervos canadienses les gustaba comer sauces. Eso provocó un problema. Los castores usan los sauces para construir represas en los ríos. Las represas forman estanques. Sin los sauces, los castores dejaron de construir represas. Los estanques se secaron. Los peces y los reptiles tenían menos lugares donde vivir.

Los científicos dijeron que traer lobos de nuevo solucionaría el problema. Las personas hicieron caso al consejo. En 1995 y 1996, llevaron 31 lobos a Yellowstone. Después de eso, había menos ciervos canadienses que comieran sauces y los castores volvieron a construir represas. Las represas formaron estanques donde podían vivir los peces y los reptiles.

Hoy en día, hay más de 108 lobos en Yellowstone.

Para leer con atención

Subraya las palabras que usa el autor para ayudarte a comprender el orden de los acontecimientos.

VERIFICAR LO QUE ENTENDÍ

¿Qué preguntas te hiciste antes, durante y después de leer?

¿Cómo te ayudaron tus preguntas a comprender el texto?

ESCRIBE SOBRE ELLO ¿Crees que traer de vuelta a los lobos a Yellowstone fue una buena idea? Usa detalles del texto para explicar tu opinión.

_____

_____

_____

_____

_____

_____

_____

_____

_____

_____

Prepárate para leer

ESTUDIO DEL GÉNERO Los **textos informativos** son un tipo de no ficción. Presentan datos sobre un tema. Mientras lees *Las nutrias marinas y sus cachorros*, presta atención a:

- los detalles y los datos sobre un tema
- los mapas que ayudan a explicar el tema
- las ilustraciones con rótulos

ESTABLECER UN PROPÓSITO Mientras lees, detente si no comprendes algo y piensa. Vuelve a leer, hazte preguntas, usa lo que ya sabes y busca pistas visuales como ayuda para entender el texto.

PALABRAS PODEROSAS

superficie

envolverse

aferrar

cascar

Desarrollar el contexto: Hábitat oceánico

Las nutrias marinas y sus cachorros

por Ruth Owen

Conoce a un cachorro de nutria marina

Una nutria marina madre y su cachorro flotan en el océano. La nutria madre descansa sobre su lomo. El pequeño cachorro se acurruca sobre la barriga de su madre, apenas por encima del agua.

nutria marina madre

cachorro de nutria marina

¿Qué es una nutria marina?

Las nutrias marinas son animales que viven en el océano. Son casi del tamaño de un perro de raza mediana. Las nutrias marinas tienen un pelaje muy grueso. Ese pelaje contribuye a que su cuerpo se mantenga caliente y seco dentro del agua fría.

Tamaño de una nutria marina adulta

nutria marina adulta

pelaje grueso

¿Dónde viven las nutrias marinas?

Aunque las nutrias marinas viven en el océano, permanecen cerca de la costa. Las partes amarillas del mapa muestran los lugares donde viven las nutrias marinas.

costa

nutrias marinas

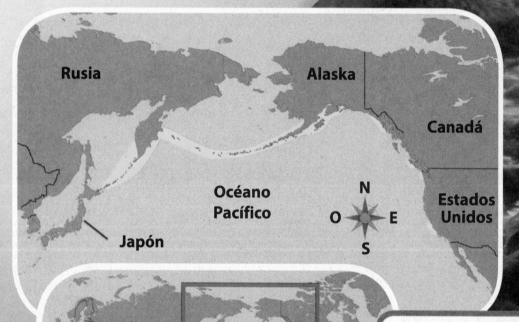

Rusia

Alaska

Canadá

Océano Pacífico

N

O — E

S

Estados Unidos

Japón

Donde viven las nutrias marinas

nutria marina madre

cachorro de una semana de vida

Un cachorro recién nacido

Una nutria marina madre da a luz en el agua a un solo cachorro cada vez. Después de nacer el cachorro, la madre se lo pone sobre el pecho para mantenerlo caliente. Luego, lo alimenta con leche de su cuerpo. Un cachorro toma leche de su madre hasta que tiene entre cuatro y seis meses de edad.

Aprender a nadar

Una nutria marina recién nacida no sabe nadar, pero flota muy bien. Flota sobre la superficie del agua ¡como una pelota de playa! La nutria madre le da clases de natación a su cachorro. Para cuando cumpla 14 semanas de vida, el cachorro sabrá nadar y sumergirse.

nutria marina madre flotando

cachorro flotando

Alimentación de la nutria marina

Las nutrias marinas adultas y sus cachorros se alimentan de cangrejos, almejas y otros crustáceos. La nutria madre se sumerge en el agua para buscar comida. También le enseña al cachorro cómo sumergirse y cazar crustáceos.

almeja

nutria madre

cangrejo

cachorro

43

Hora de cenar

Cuando la nutria marina madre encuentra una almeja, nada de regreso a la superficie. También trae con ella una piedra, que coloca sobre su barriga. Luego, golpea la almeja contra la piedra para abrir su caparazón. La nutria marina madre y su cachorro comparten la carne de la almeja.

almeja

cachorro de nutria marina

nutria marina madre

carne de la almeja

nutria marina
adulta
durmiendo

algas
marinas

¡Buenas noches!

A veces, cuando llega la hora de dormir, la nutria marina adulta se envuelve el cuerpo con algas marinas. Como las algas están aferradas al lecho marino, mantienen a las nutrias en su lugar y evitan que las olas se las lleven mar adentro. Algunas veces, la nutria madre también envuelve con algas el cuerpo del cachorro mientras duerme sobre su pecho.

45

Crecimiento

Cuando un cachorro tiene entre 6 y 12 meses de edad, se aleja de su madre. Ya sabe sumergirse bajo el agua para cazar crustáceos. También sabe utilizar piedras para cascar su caparazón. ¡El cachorro ya está listo para comenzar su vida adulta!

carne de almeja

almejas

Usa detalles de *Las nutrias marinas y sus cachorros* para contestar estas preguntas con un compañero.

1. **Verificar y clarificar** ¿Qué hiciste cuando te encontraste con una parte del texto que no entendías? Cuenta si eso te ayudó o no a comprenderla.

2. ¿Qué detalles del texto te ayudan a comprender el tema y la idea principal?

3. Compara los hábitats de los animales de *Las nutrias marinas y sus cachorros* y *Un viaje muy, muy largo*. ¿De qué manera los hábitats satisfacen las necesidades de los animales?

Sugerencia para la conversación

Contesta las preguntas de tu compañero.
Explica tus ideas con claridad.

Lo que quiero decir es _____.

Escribir una descripción

INDICACIÓN Imagina que eres un científico que observa a una nutria marina madre y su cachorro en su hábitat. Describe lo que ves y oyes. Usa detalles del texto y de las fotografías como ayuda.

PLANIFICA Primero, toma notas acerca de cómo es el hábitat. Luego, toma notas acerca de las nutrias marinas. ¿Cómo son? ¿Qué hacen?

Hábitat	Nutrias marinas

ESCRIBE Ahora, escribe una descripción de una nutria marina madre y su cachorro en su hábitat. Recuerda:

- Usa adjetivos exactos para describir a las nutrias marinas y su hábitat.

- Incluye detalles que muestren cómo su hábitat las ayuda a sobrevivir.

_____

_____

_____

_____

_____

_____

_____

_____

_____

Prepárate para leer

ESTUDIO DEL GÉNERO ▶ Los **textos informativos** son un tipo de no ficción. Presentan datos sobre un tema.

HACER UNA PREDICCIÓN ▶ Da un vistazo a "La vida en un hábitat desértico". Observa las características del texto, como los encabezados, las letras destacadas y el rótulo. ¿Qué piensas que aprenderás con este texto?

_____

_____

_____

_____

_____

_____

ESTABLECER UN PROPÓSITO ▶ Lee para descubrir cómo los seres vivos de un hábitat dependen unos de otros y para comprobar si tu predicción es correcta. Si no lo es, haz una nueva predicción.

cactus saguaro

La vida en un hábitat desértico

LEE ¿Cuál es la idea principal de esta parte del texto?

¿Qué es un hábitat desértico?

El desierto es un tipo de hábitat. Es un lugar seco, muy frío o muy caluroso. Los seres vivos de un desierto dependen unos de otros para sobrevivir. Algunos animales, como las tortugas, comen plantas. Los que comen otros animales, como los coyotes, se llaman **depredadores**. Los depredadores cazan **presas**. ▶

Para leer con atención

<u>Subraya</u> el encabezado y el rótulo. ¿Te ayudaron a hacer una predicción correcta? ¿Qué resultó ser diferente?

VERIFICAR LO QUE ENTENDÍ

¿Cómo te ayudan la imagen y el rótulo a comprender el texto?

_____

_____

_____

51

LEE ¿Cómo se protegen los animales de un hábitat?

Los animales se protegen

Las presas se protegen de los depredadores de diferentes maneras. La tortuga tiene un caparazón duro que la protege, ya que puede meter la cabeza y las patas dentro si hay un depredador cerca. Un búho enano se mantiene a salvo al hacer su nido en lo alto de un cactus, donde la mayoría de los depredadores no llegan. Algunos animales, como la liebre norteamericana, usan el **camuflaje** para mantenerse a salvo. Los colores y las marcas de su cuerpo los ayudan a confundirse con su entorno. Las liebres también usan sus fuertes patas traseras para correr rápido y escapar. ¡Pueden alcanzar una velocidad de 40 millas por hora! Este es el límite de velocidad para los carros en algunas carreteras.

Para leer con atención

Encierra en un círculo las palabras que no conoces. Luego, intenta descubrir qué significan.

VERIFICAR LO QUE ENTENDÍ

¿Qué hiciste cuando te encontraste con una parte del texto que no entendías? Explica si eso te ayudó o no a comprenderla.

Citar evidencia del texto

ESCRIBE SOBRE ELLO Describe cómo las plantas y los animales del desierto dependen unos de otros. Incluye detalles del texto en tu respuesta.

Prepárate para leer

ESTUDIO DEL GÉNERO La **poesía** usa imágenes, sonidos y ritmo para expresar sentimientos. Mientras lees los poemas de *Mi casa: la naturaleza*, presta atención a:

- la repetición de palabras o líneas
- palabras que describen
- el ritmo entre las palabras

ESTABLECER UN PROPÓSITO Mientras lees, **crea imágenes mentales**, o forma imágenes en tu mente, como ayuda para entender los detalles del texto.

PALABRAS PODEROSAS
resguardado
pirueta
veloz
granero

Desarrollar el contexto: El hogar de los de animales

Mi casa: la naturaleza

Poesía y canción

Familia de osos polares

por Eileen Spinelli

Mamá osa polar, con su andar agraciado,
busca un sitio perfecto, que esté bien resguardado.
Cava en la nieve una cueva muy amplia y profunda
para poder dormir con sus oseznos tranquila y segura.

Ya es primavera y los oseznos juegan.
Bajo el sol del Ártico ensayan sus piruetas.
Resbalan, patinan. Van de aquí para allá.
Después, muy agotados, se suben a mamá.

El gran alce marrón

por Joyce Sidman

Soy un gran alce marrón,
soy un alce juguetón;
con mi pelo enmarañado
doy cabriolas y pateo,
bailo hasta que me mareo,
con mamá siempre a mi lado.

No le temo nunca al frío
y el viento ni me preocupa,
siempre juego con la nieve.
Deambulo con firmes trancos
por los bosques y barrancos:
un alce va donde quiere.

Soy un gran alce marrón,
soy un alce muy glotón.
Como tejo, sauce, abeto,
hojas y ramas mastico,
y entre crujido y crujido,
doy bufidos de contento.

Cuando es hora de acostarnos
y juntos acurrucarnos
mi enorme mamá y yo,
la acaricio y le hago mimos
con mi hocico suavecito
y armo nubes de vapor.

Soy un gran alce marrón,
soy un alce dormilón.
Me hago un ovillo abrigado
y disfruto la canción de cuna
que el lobo canta a la luna,
con mamá siempre a mi lado.

En la pradera

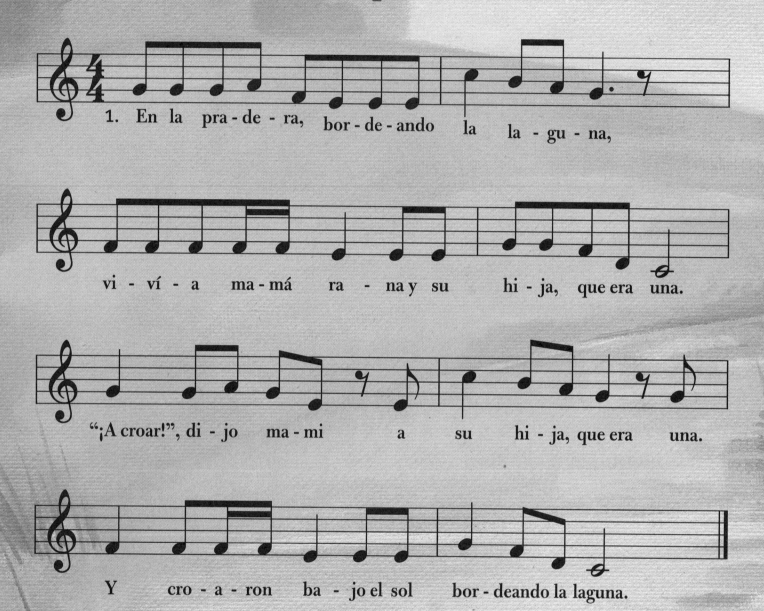

1. En la pra - de - ra, bor - de - ando la la - gu - na,

vi - ví - a ma - má ra - na y su hi - ja, que era una.

"¡A croar!", di - jo ma - mi a su hi - ja, que era una.

Y cro - a - ron ba - jo el sol bor - deando la laguna.

2. En la pradera, en el arroyo veloz,

   vivía mamá pez y sus hijos, que eran dos.

   "¡A nadar!", dijo mami a sus hijos, que eran dos.

   Y nadaron muy contentos en el arroyo veloz.

3. En la pradera, en la rama de un ciprés

   vivía mamá ave y sus hijos, que eran tres.

   "¡A cantar!", dijo mami a sus hijos, que eran tres.

   Y cantaron a coro en la rama del ciprés.

4. En la pradera, muy cerca del arroyo,

   vivía mamá loba con sus cuatro cachorros.

   "¡A aullar!", dijo mami a sus cuatro cachorros.

   Y aullaron un buen rato, muy cerca del arroyo.

5. En la pradera, en el panal amarillo.

   vivía mamá abeja y sus hijas, que eran cinco.

   "¡A zumbar!", dijo mami a sus hijas, que eran cinco.

   Y zumbaron muy fuerte en el panal amarillo.

El grillo

por Alberto Blanco

La noche tiene su brillo,
su música y su silencio…
pues cada estrella es un grillo
entre la hierba del cielo.

La hormiguita

por Alma Flor Ada
y F. Isabel Campoy

Esta era una hormiguita
que de un hormiguero,
salió calladita
y se metió a un granero,
se llevó un triguito
y arrancó ligero.

Salió otra hormiguita
del mismo hormiguero,
y muy calladita
se metió en el granero,
se llevó un triguito
y arrancó ligero.

Salió otra hormiguita...

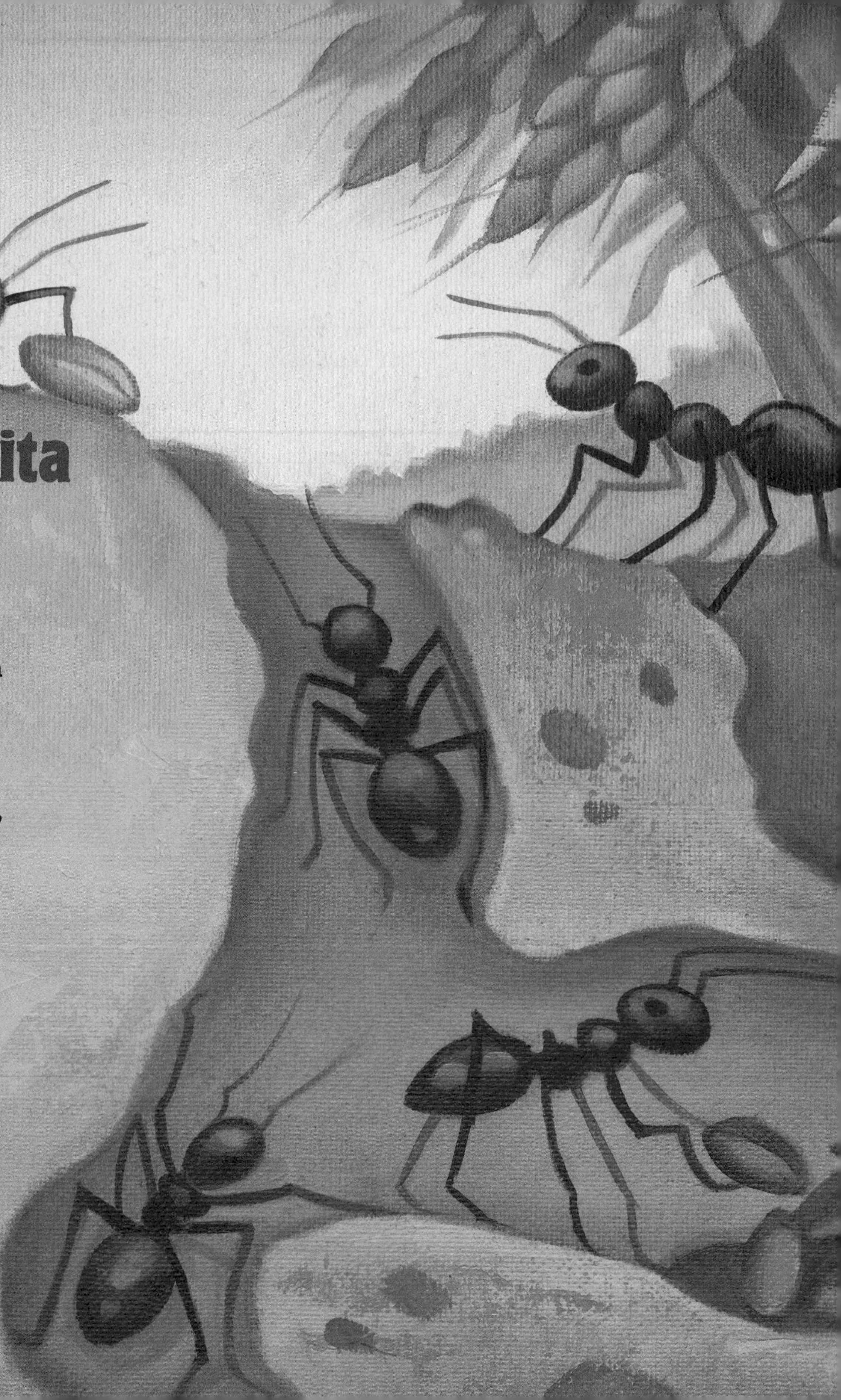

Conversación en parejas

Usa detalles de *Mi casa: la naturaleza* para contestar estas preguntas con un compañero.

1. **Crear imágenes mentales** Cierra los ojos. Imagina que vas caminado en el hábitat de uno de los poemas. ¿Qué verías, oirías y sentirías? ¿Qué palabras del poeta o la poetisa te ayudaron a crear la imagen mental?

2. Si "La hormiguita" fuera un poema más largo, ¿cuál sería la siguiente línea? ¿Por qué piensas que las poetisas usan la repetición en este poema?

3. ¿Cómo te hacen sentir los poemas? ¿Cómo usan los poetas y las poetisas el ritmo y la rima para crear esos sentimientos?

Sugerencia para la conversación

Haz preguntas para averiguar más sobre las ideas de tu compañero.

Por favor, explica _____.

Escribir una canción

INDICACIÓN ¿Cómo podrías cambiar "En la pradera" para que tratara de un hábitat animal diferente? Observa la canción detenidamente. Nota el patrón de las rimas y la repetición. ¿Qué palabras tendrías que cambiar para describir otro hábitat?

PLANIFICA Primero, elige el hábitat sobre el que escribirás. En una columna de la tabla, haz una lista de los animales que viven allí. En la otra columna, haz una lista de los sonidos que hacen esos animales.

Animales	Sonidos de animales

ESCRIBE Ahora, cambia las palabras de "En la pradera" para escribir tu propia canción sobre hábitats animales. Recuerda:

- Incluye detalles que cuenten cómo es el hábitat.

- Usa palabras que encajen en el patrón de rimas de la canción.

_____

_____

_____

_____

_____

_____

_____

_____

_____

_____

_____

Prepárate para leer

ESTUDIO DEL GÉNERO ▶ La **poesía** usa imágenes, sonidos y ritmo para expresar sentimientos.

HACER UNA PREDICCIÓN ▶ Da un vistazo a los poemas "Estanque en verano" y "Estanque en invierno". Un poeta describe un estanque en distintas estaciones. ¿En qué crees que se diferenciarán estos poemas?

_____

_____

_____

_____

_____

_____

ESTABLECER UN PROPÓSITO ▶ Lee para ver cómo el poeta usa palabras para crear dos imágenes totalmente diferentes de un estanque.

Imagina un estanque

LEE ¿Qué imagen mental creas cuando lees este poema?

Estanque en verano

Un estanque en verano es un lugar ajetreado,

todo allí se mueve rápido, a un paso acelerado.

Los nenúfares abren sus hermosas flores,

y por la mañana se sienten sus ricos olores.

Mientras algunos insectos dan un paseo,

otros en el estanque se dedican al aseo.

Un estanque en verano es un lugar ajetreado,

todo allí se mueve rápido, a un paso acelerado.

Para leer con atención

<u>Subraya</u> las palabras que riman.

VERIFICAR LO QUE ENTENDÍ

¿Por qué piensas que el poeta repite líneas en el poema?

_____

_____

LEE ¿Cómo cambia tu imagen del estanque cuando lees este poema?

Estanque en invierno

Estanque congelado,

manta de nieve en copos,

tenues rayos de sol,

pero de comer, muy poco.

Animales dormidos,

sin nada que comer;

el estanque convertido

en hielo por doquier.

Para leer con atención

Subraya las palabras descriptivas que te ayudan a imaginar el estanque en invierno.

VERIFICAR LO QUE ENTENDÍ

¿Por qué piensas que el poeta escribió este poema con líneas cortas?

_____

_____

_____

_____

ESCRIBE SOBRE ELLO ¿Cuál de los dos es tu poema preferido? Usa detalles para explicar por qué.

_____

_____

_____

_____

_____

_____

_____

_____

_____

_____

_____

_____

Prepárate para leer

ESTUDIO DEL GÉNERO ▶ Los **cuentos populares** son historias inventadas hace mucho tiempo que se han contado una y otra vez. Mientras lees *Abuelo y los tres osos*, busca:

- personajes animales que se comportan y hablan como personas
- el propósito del autor (¿explicar o entretener?)
- el principio, el desarrollo y el final del cuento
- cómo las ilustraciones y las palabras te ayudan a comprender lo que sucede

ESTABLECER UN PROPÓSITO ▶ Mientras lees, **vuelve a contar** el cuento. Usa tus propias palabras para contar qué sucedió al principio, en el desarrollo y al final del cuento.

PALABRAS PODEROSAS

platicar

llegar

cabezudo

aullar

probar

toparse

enojado

compartir

Desarrollar el contexto: Los osos

ABUELO Y LOS TRES OSOS

Por Jerry Tello

Ilustrado por Ana López Escrivá

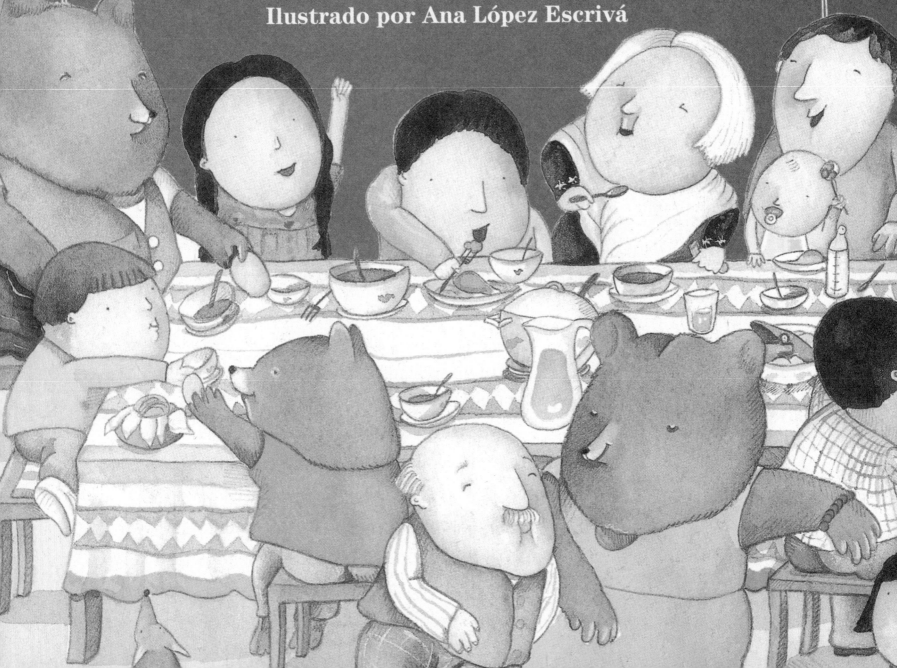

Era un domingo tranquilo. Emilio y su abuelo platicaban en el porche.

—Abuelo, ¿cuánto tiempo tenemos que esperar? —preguntó Emilio—. ¿Cuándo van a llegar mis primos?

—Ya estarán por llegar y podremos comer —contestó el abuelo—. Para que pase más rápido el tiempo voy a contarte un cuento.

Había una vez tres osos que vivían en el bosque: Papá Oso, Mamá Osa y su hijo, Osito. Un domingo Papá Oso se despertó como siempre, de mal humor. Pero enseguida olió algo sabrosísimo.

—Mmmm, frijoles —dijo Papá Oso.

—Abuelo, es una broma, ¿no? —exclamó Emilio riéndose—. ¡A los osos no les gustan los frijoles!

—A los osos que yo conozco les gustan los frijoles —dijo el abuelo.

Papá Oso se levantó y bajó apurado a la cocina.
—Buenos días —les dijo a Mamá Osa y a Osito.

—¿Cómo van esos frijoles? —Papá Oso se sentó a la mesa y se ató la servilleta al cuello—. ¿Ya están listos?

—Sí —contestó Mamá Osa—. Pero están muy calientes todavía.

—Pues, no puedo esperar —dijo Papá Oso—. Tengo un hambre que me comería un elefante.

—Abuelo —dijo Emilio—, los osos no comen elefantes.

—Emilio, no se discute con un oso hambriento —le contestó su abuelo.

El cabezudo Papá Oso no prestó atención a la advertencia de
su esposa.

—¡Ay! —aulló, dando un salto al probar los frijoles—. Todavía están
muy calientes.

—Te lo dije, Papá Oso. ¿Qué tal si dejamos que se enfríen y mientras
tanto nos damos un paseo por el pueblo? —sugirió Mamá Osa.

—Está bien, vamos —gruñó Papá Oso, con la boca que todavía le
ardía. Entonces los osos dejaron su desayuno sobre la mesa para que
se enfriara y salieron para el pueblo.

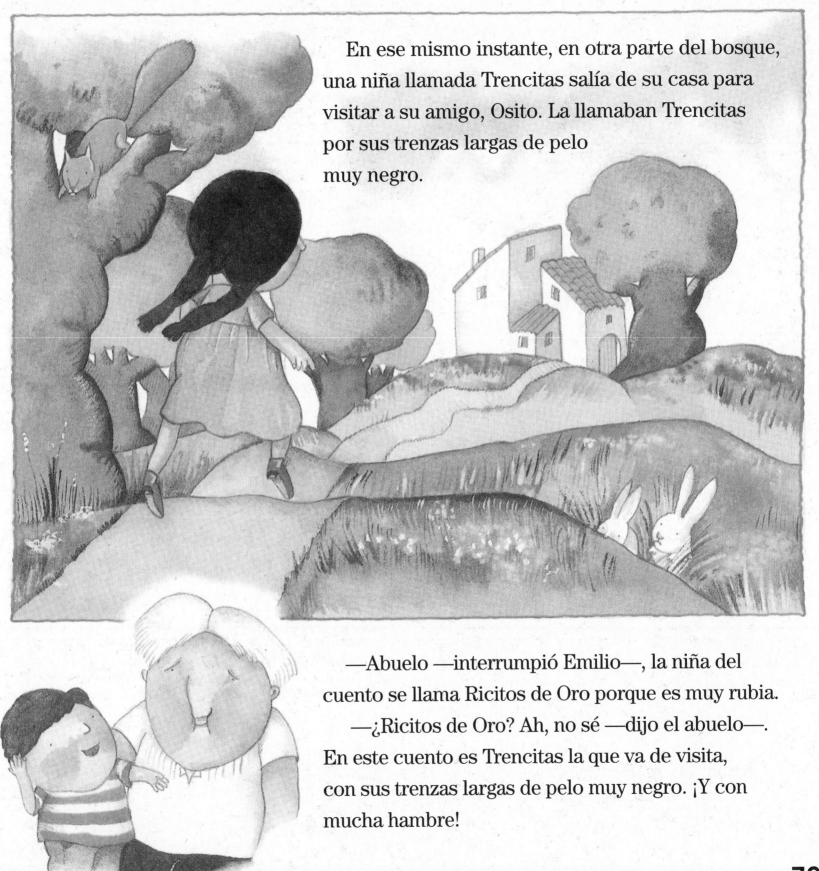

En ese mismo instante, en otra parte del bosque, una niña llamada Trencitas salía de su casa para visitar a su amigo, Osito. La llamaban Trencitas por sus trenzas largas de pelo muy negro.

—Abuelo —interrumpió Emilio—, la niña del cuento se llama Ricitos de Oro porque es muy rubia.

—¿Ricitos de Oro? Ah, no sé —dijo el abuelo—. En este cuento es Trencitas la que va de visita, con sus trenzas largas de pelo muy negro. ¡Y con mucha hambre!

79

Al llegar a la casa de Osito, Trencitas se encontró con la puerta abierta. Entonces entró y al oler los frijoles, siguió derechito hasta que su nariz se topó con la mesa con los tres tazones.

Primero Trencitas probó los frijoles del tazón grandote, pero estaban calientes. Luego probó los del tazón mediano, pero ya estaban fríos. Por fin probó los del más pequeñito. Estaban perfectos. Y tanto le gustaron que se los terminó.

Luego Trencitas decidió esperar en la sala hasta que volvieran los osos. Se sentó en la silla grandota, pero era muy dura. Se sentó en la silla mediana, pero era muy blanda. Por fin, se sentó en la más pequeñita. Era perfecta, pero de pronto... ¡CRAC!

—Abuelo, Trencitas rompió la silla de Osito —dijo Emilio, preocupado—. ¿Qué va a hacer?

—No te aflijas —dijo el abuelo—. Después Trencitas la va a pegar, y como nueva la va a dejar.

Trencitas tenía mucho sueño, y subió a descansar. Primero probó la cama grande pero la cobija era muy gruesa. Luego probó la mediana, pero la cobija era muy áspera. Finalmente probó la cama pequeña. Era muy pequeña pero tan acogedora y suave que Trencitas se durmió muy pronto.

Cuando los osos volvieron del pueblo, Papá Oso entró derechito a comer sus frijoles.

—¡Ay! —exclamó cuando vio su plato—. Alguien ha comido de mi plato.

—Y alguien ha comido del mío —dijo Mamá Osa.

—Y en el mío solo queda un frijol —dijo Osito.

Luego los tres osos entraron a la sala.

—¡Ay! —bramó Papá Oso, al ver que habían movido su silla—. Alguien se ha sentado en mi silla.

—Y alguien se ha sentado en la mía —dijo Mamá Osa.

—Y miren mi silla, está hecha pedazos —dijo Osito.

Con mucha cautela, los tres osos subieron la escalera hasta el dormitorio, a ver qué ocurría. Papá Oso iba adelante. Mamá Osa y Osito lo seguían.

—¡Ay! —dijo Papá Oso al entrar—. Alguien ha dormido en mi cama.

—Y alguien ha dormido en la mía —dijo Mamá Osa.

—Y miren quién duerme en mi cama —exclamó Osito, y corrió a despertar a Trencitas. Entonces a todos les dio mucha risa.

Ya se hacía tarde. Mamá Osa decidió que había que acompañar a su casa a Trencitas. Papá Oso no estaba de acuerdo.

—Otra vez nos vamos —se quejó enojado—. Y, ¿qué hay de mis frijoles?

—Mi mamá hizo frijoles —dijo Trencitas.

—Seguro que al oír eso, Papá Oso se puso contento —dijo Emilio.

—Así es —contestó el abuelo—. Y ahora te cuento qué ocurrió después...

85

En casa de Trencitas, la familia invitó a los osos a sentarse a una mesa muy larga con los padres, abuelos, tíos y tías, y todos los primos de Trencitas. Comieron pollo, cerdo y pescado, frijoles, salsa, tortillas y chiles picantes, de esos que sacan lágrimas gigantes. Y después cantaron, bailaron y contaron cuentos.

—Ya ves, Emilio —dijo el abuelo—,
Papá Oso esperó un largo rato para comer
sus frijoles. Pero al final, lo pasó genial y
compartió una sabrosa comida, como tú lo
harás ahora cuando lleguen tus primos.

—Abuelo, ¿ya acabó el cuento?

—Sí, se acabó —contestó el abuelo—.
Y tu larga espera también se acabó. ¡Aquí
están tus primos!

Conversación en parejas

Usa detalles de *Abuelo y los tres osos* para contestar estas preguntas con un compañero.

1. **Volver a contar** Túrnense para contar los acontecimientos del cuento en orden. Usen palabras que indiquen orden, como *primero, luego, después* y *al final* como ayuda.

2. ¿Quién cuenta el cuento? ¿En qué cambiaría el cuento si lo contara uno de los tres osos?

3. ¿En qué se parece este cuento a otro cuento que conozcas? ¿En qué se diferencia? Compara los personajes, el ambiente y los acontecimientos de los dos cuentos.

Sugerencia para la conversación

Sé amable. Espera tu turno para hablar. Luego, cuéntale tu idea a tu compañero.

Pienso que _____.

Escribir una obra de teatro

INDICACIÓN Imagina que te despiertas en la casa de los tres osos. ¿Qué sucede luego? Escribe una obra de teatro breve para contar lo que sucede. Busca ideas en el texto y en las ilustraciones.

PLANIFICA Primero, dibuja o escribe qué sucederá primero, luego y por último en tu obra de teatro.

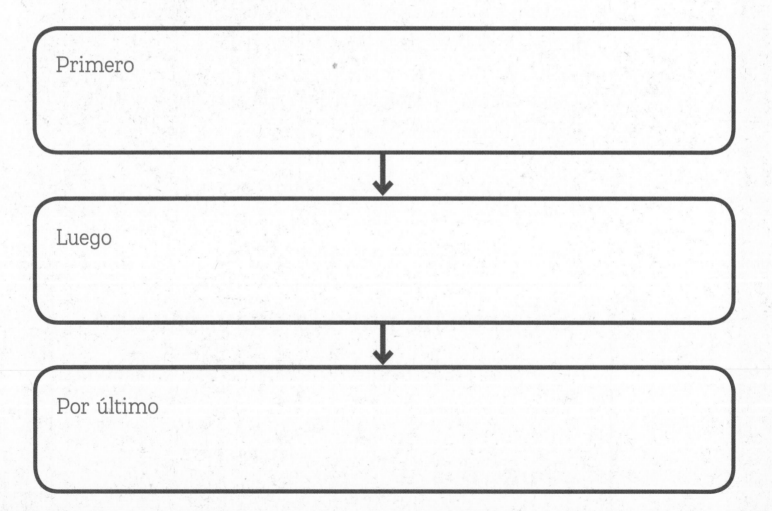

Primero

Luego

Por último

ESCRIBE Ahora, escribe tu obra de teatro. Incluye detalles en el diálogo que den vida a tus personajes. Recuerda:

- Nombra los **personajes** y el **ambiente**.

- Incluye **direcciones de escena** para mostrar qué hacen o sienten los personajes.

- Incluye un **narrador** como ayuda para describir la acción.

_____

_____

_____

_____

_____

_____

_____

_____

_____

_____

Prepárate para leer

ESTUDIO DEL GÉNERO ▶ Los **cuentos populares** son historias inventadas hace mucho tiempo que se han contado una y otra vez.

HACER UNA PREDICCIÓN ▶ Da un vistazo a "La historia de Cocodrilo y Gallina". Una gallina se encuentra con un cocodrilo muy hambriento. ¿Qué piensas que sucederá?

_____

_____

_____

_____

_____

_____

ESTABLECER UN PROPÓSITO ▶ Lee para descubrir qué sucede cuando se encuentran Cocodrilo y Gallina.

La historia de Cocodrilo y Gallina

LEE ¿Qué sucede al principio del cuento popular?

Un día, Cocodrilo tenía tanta hambre que podía comerse un bosque entero. Esperó en el río a que Gallina fuera a beber.

—¡Voy a comerte! —le dijo Cocodrilo a Gallina con un gruñido. Y le mostró sus dientes afilados como clavos.

—¡No me comas, hermano! —respondió Gallina con calma.

Luego, se alejó mientras Cocodrilo la miraba sorprendido. ▶

> **Para leer con atención**
>
> <u>Subraya</u> las palabras que muestran cómo se sienten Gallina y Cocodrilo.

VERIFICAR LO QUE ENTENDÍ

¿Qué significa que Cocodrilo "tenía tanta hambre que podía comerse un bosque entero"? ¿Realmente quiere comérselo?

_____

_____

LEE ¿Cómo se siente Cocodrilo al tener una hermana gallina?

—¿Hermano? ¿Yo, hermano? —tartamudeó Cocodrilo, mientras miraba cómo Gallina se alejaba—. ¿De qué está hablando esa gallina?

—¡Claro que eres su hermano! —gritó su amiga Lagartija.

—Pero… pero… ¡eso es imposible! Yo tengo piel verde y brillosa y ella tiene plumas blancas y esponjosas… ¡No nos parecemos en nada! —dijo Cocodrilo anonadado.

—Tonterías —dijo Lagartija, moviendo la cola—. Las gallinas ponen huevos, ¿no? Y los cocodrilos también, ¿cierto?

—En eso tienes razón —dijo Cocodrilo luego de pensarlo—. Debemos ser parientes. ¡Tengo una hermana! ¡Soy su hermano!

—¡Ahora captas la idea! —exclamó Lagartija.

—Entonces, no me la comeré —dijo Cocodrilo sonriendo.

Para leer con atención

Subraya las palabras que repite Cocodrilo. ¿Por qué repite esas palabras?

VERIFICAR LO QUE ENTENDÍ

¿Qué quiere decir Lagartija cuando dice "¡Ahora captas la idea!"?

_____

_____

ESCRIBE SOBRE ELLO Vuelve a contar "La historia de Cocodrilo y Gallina". Describe los personajes y los acontecimientos con tus propias palabras.

_____

_____

_____

_____

_____

_____

_____

_____

_____

_____

_____

Prepárate para ver un video

ESTUDIO DEL GÉNERO Los **videos** son películas breves que te dan información o te ofrecen algo para que veas y disfrutes. Mientras ves *Los patitos saltan del nido*, observa:

- cómo se relacionan las imágenes, los sonidos y las palabras
- de qué trata el video
- información sobre el tema
- el tono o la atmósfera del video

ESTABLECER UN PROPÓSITO Una manera de contar acontecimientos es en **orden cronológico**. Esto quiere decir que se cuentan en el orden en que ocurrieron. Presta atención al orden de los acontecimientos del video. ¿Cómo te ayuda el orden a comprender cómo se relacionan los acontecimientos?

Desarrollar el contexto: Nidos

LOS PATITOS SALTAN
DEL NIDO

por Terra Mater Factual Studios

Mientras ven el video ¡Estos patitos están por tener una gran aventura! Mientras ves el video, piensa en el orden de los acontecimientos. Presta atención a cómo los elementos visuales, las palabras y los sonidos te ayudan a comprender qué se siente al estar en el nido de los patitos.

Usa detalles de *Los patitos saltan del nido* para contestar estas preguntas con un compañero.

1. **Orden cronológico** ¿Qué hacen los patitos cuando la mamá está en el nido? ¿Qué hacen cuando la mamá salta del nido?

2. ¿Qué quiere decir el narrador cuando explica "algunos patitos no son tan atrevidos como otros"?

3. ¿Cómo te hace sentir el video? ¿Cómo contribuyen las palabras del narrador y la música a que te sientas así?

Sugerencia para escuchar

Escucha con atención. Piensa en el significado de lo que dice tu compañero.

¡Hora de concluir!

(?) Pregunta esencial

¿Cómo dependen unos de otros los seres vivos de un hábitat?

Elige una de estas actividades para mostrar lo que aprendiste sobre el tema.

1. Cuento: ¡Imagínalo!

Elige un hábitat de un animal sobre el cual hayas leído. Imagina que en todo el planeta solo existiera ese hábitat. ¿Cómo cambiaría la manera en la que viven algunos animales y personas? Escribe un cuento que explique cómo sería. Incluye detalles que hayas aprendido de los textos.

2. Juego de preguntas y respuestas sobre los hábitats

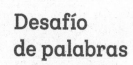

Trabaja con un compañero. Escriban tres preguntas acerca de los hábitats sobre los que leyeron. Asegúrense de que las respuestas estén en alguno de los textos que leyeron. Luego, jueguen en grupo a un juego de preguntas y respuestas sobre los hábitats. Desafíense unos a otros a responder las preguntas sobre los hábitats.

Desafío de palabras

¿Puedes usar la palabra especie en una de tus preguntas?

Mis notas

Muchas culturas, un solo mundo

"Ver otro cielo, otro monte, otra playa,
otro horizonte, otro mar, otros pueblos,
otras gentes de maneras diferentes de pensar".

—Julián del Casal

¿Qué podemos aprender de diferentes pueblos y culturas?

Video de
Mentes curiosas

Palabras acerca de las culturas del mundo

Completa la Red de vocabulario para mostrar lo que sabes sobre estas palabras.

cultura

Significado: La **cultura** de un grupo son las ideas y las creencias que las personas comparten.

Sinónimos y antónimos	Dibujo

armonía

Significado: Estar en **armonía** significa convivir en paz.

Sinónimos y antónimos	**Dibujo**

herencia

Significado: La **herencia** de un país es su manera de hacer las cosas que se transmite en el tiempo.

Sinónimos y antónimos	**Dibujo**

¡Hola, mundo!

Si hicieras un viaje alrededor del mundo, aprenderías sobre muchas culturas y tradiciones distintas. Conocerías a personas distintas, probarías comidas distintas y oirías tipos de música distintos. También oirías idiomas distintos.

Alemania

China

Brasil

Kenia

Todos los países tienen maneras especiales para decir *hola*, *adiós* y *gracias*.

Entender las tradiciones e idiomas distintos nos ayuda a vivir en armonía. ¿Qué tradiciones son parte de tu herencia?

Brasil

hola = oi
adiós = adeus
gracias = obrigado

China

hola = nĭ hăo
adiós = zài jiàn
gracias = xiè xiè

Kenia

hola = jambo
adiós = kwaheri
gracias = asante

Alemania

hola = hallo
adiós = auf Wiedersehen
gracias = danke

Prepárate para leer

ESTUDIO DEL GÉNERO ▶ Los cuentos de **ficción realista** son historias inventadas, pero podrían suceder en la vida real. Mientras lees *¿Adónde fue a parar mi rosquilla?*, busca:

- personajes que se comportan y hablan como personas reales
- problemas y soluciones
- maneras en las que las ilustraciones y las palabras ayudan a los lectores a comprender el cuento

ESTABLECER UN PROPÓSITO ▶ Lee para hacer suposiciones, o **inferencias**, acerca de cosas que las autoras no dicen. Usa las pistas del texto y las ilustraciones como ayuda.

PALABRAS PODEROSAS
untar
curioso
cima
asentir
crocante

Conoce a Grace Lin.

¿Adónde fue a parar mi rosquilla?

por Frances Park y
Ginger Park

ilustraciones de
Grace Lin

Había una vez un niño llamado Yum Yung que vivía en una aldea donde las montañas llegaban hasta el cielo. Y había cascadas que desembocaban en arroyos repletos de peces veloces. Y también había lilas que cubrían todas las colinas como un manto morado.

Pero no había rosquillas de Nueva York.

110

Era un misterio cómo Yum Yung había empezado a pensar en una rosquilla de Nueva York. Quizás se le apareció en un sueño, untada con queso crema. O quizás oyó a los gorriones trinando sobre las migajas de rosquillas que comían en Central Park.

En cualquier caso, Yum Yung no podía dejar de pensar en uno de esos dorados panecillos con un curioso agujero en el centro. De solo pensarlo, le hacía ruido la panza y se le hacía la boca agua.

—¡Quiero una rosquilla!

Lo cierto es que soñar con una rosquilla de Nueva York y poder comerse una eran dos cosas totalmente distintas.

"¿Dónde podré conseguir una rosquilla?", se preguntaba Yum Yung. Pensó y pensó hasta que se le ocurrió una idea.

—¡Voy a enviar un mensaje! —dijo.

Así que se sentó sobre una roca y empezó a escribir:

Querida Nueva York:
Quiero encargar una rosquilla. Por favor, envíamela lo antes posible.
Atentamente,
Yum Yung, de Corea

Yum Yung llevó su mensaje hasta la cima de una montaña donde se reunían muchas aves. Muy pronto, una paloma se posó sobre su hombro. Yum Yung ató el mensaje en su diminuta pata y, luego, el ave salió volando hasta perderse entre las nubes.

—¡Paloma! —le gritó—. Regresa con mi rosquilla, por favor.

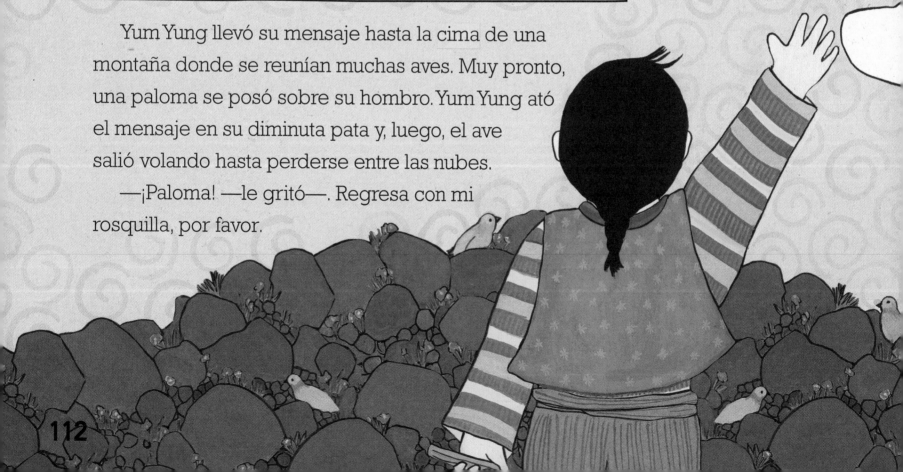

Yum Yung esperó y esperó sentado en la cima.
Esperó hasta que el sol se escondió detrás de la
montaña. Esperó hasta que el cielo se cubrió de estrellas.
Pero la paloma no regresó con su rosquilla de Nueva York.

Yum Yung imaginó que su rosquilla debía de haberse perdido. Tal
vez la paloma la había dejado en otra montaña. O tal vez se la había
entregado a la persona equivocada.

En cualquier caso, Yum Yung no se iba a rendir. ¡Debía emprender
la búsqueda!

Yum Yung gritó:

—¿Adónde fue a parar mi rosquilla?

A la mañana siguiente, Yum Yung visitó al campesino Ahn, que estaba empujando su arado en un campo de trigo.

—Disculpe, Ahn —le dijo el niño—. Por casualidad, ¿no habrá visto mi rosquilla perdida?

El campesino Ahn se secó el sudor de la frente.

—¿Rosquilla? ¿Qué es una rosquilla en un campo de trigo?

114

—Es redonda y tiene un agujero en el centro —le explicó Yum Yung.

—Ahhh —asintió el campesino, al tiempo que señalaba la rueda de su arado.

—¿Es eso una rosquilla?

Yum Yung frunció el ceño.

—No, eso no es mi rosquilla.

—Lo siento, Yum Yung —dijo el campesino Ahn—. Yo sé del trigo que crece en la tierra rica y oscura, pero no sé nada de rosquillas.

Después, Yum Yung visitó al pescador Kee, que estaba en su bote sacando los escurridizos peces de su red.

—Disculpe, pescador Kee —gritó el niño—. Por casualidad, ¿no habrá visto mi rosquilla perdida?

El pescador Kee arrojó su red de nuevo al agua.

—¿Rosquilla? ¿Qué es una rosquilla en el mar salado?

—Es redonda y tiene un agujero en el centro —le explicó Yum Yung.

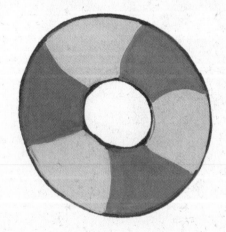

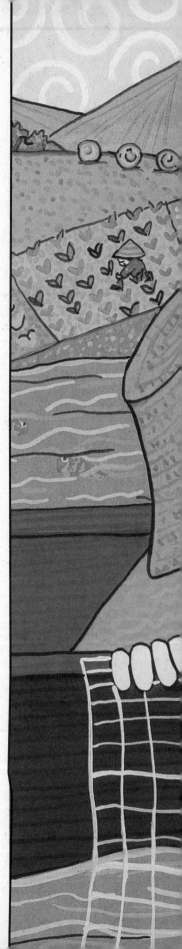

—Ahhh —asintió el pescador Kee, al tiempo que señalaba el salvavidas atado a su bote.

—¿Es eso una rosquilla? —Yum Yung frunció el ceño.

—No, eso no es mi rosquilla.

—Lo siento, Yum Yung —dijo el pescador Kee—. Yo sé de los peces que nadan en el mar, pero no sé nada de rosquillas.

Después, Yum Yung visitó a la apicultora Lee, que estaba recolectando miel de una colmena.

—Disculpe, apicultora Lee —vociferó el niño desde lejos—. Por casualidad, ¿no habrá visto mi rosquilla perdida?

La apicultora Lee se apartó el velo protector.

—¿Rosquilla? ¿Qué es una rosquilla en el dulce mundo de la miel?

—Es redonda y tiene un agujero en el centro —le explicó Yum Yung.

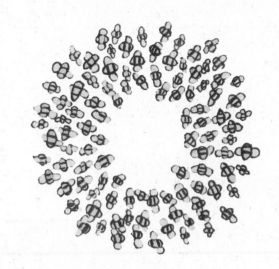

—Ahhh —asintió la apicultora Lee, al tiempo que señalaba el enjambre de abejas que volaba en círculo sobre su sombrero.

—¿Es eso una rosquilla?

Yum Yung frunció el ceño.

—No, eso no es mi rosquilla.

—Lo siento, Yum Yung —dijo la apicultora Lee—. Yo sé de abejas y de sus zumbidos, pero no sé nada de rosquillas.

118

Yum Yung se sentó en una ladera tranquila y suspiró.

¡Toda esperanza de encontrar su rosquilla parecía perdida!

Entonces, un aroma delicioso le cosquilleó la nariz. Yum Yung olfateó con curiosidad. ¿De dónde venía?

Miró hacia el valle y parpadeó con satisfacción.

¡Era la "Repostería celestial" de Oh!

120

Yum Yung descendió deprisa hasta la repostería, donde la repostera Oh estaba horneando uno de sus famosos pasteles de arroz.

—Repostera Oh —suplicó Yum Yung—, por favor, ¡dígame que usted tiene mi rosquilla perdida!

La repostera Oh esparció unos piñones sobre el pastel de arroz.

—¿Rosquilla? ¿Qué es una rosquilla en la cocina de una repostera?

—Es redonda y tiene un agujero en el centro —explicó Yum Yung.

—Lo siento mucho, Yum Yung —dijo la repostera Oh—. No he visto tu rosquilla perdida. Pero tal vez esa paloma que picotea la ventana tenga mejores noticias para ti.

La repostera Oh abrió la ventana. La paloma entró volando y se posó sobre el hombro de Yum Yung. ¡Traía un mensaje!

Mientras la repostera Oh alimentaba a la paloma con las migajas del pastel de arroz, Yum Yung leyó el mensaje en voz alta.

Querido Yum Yung:
Un millón de gracias por tu pedido de una rosquilla. Lo siento mucho, pero mis rosquillas solo están frescas el día que se preparan. Así que, como segunda opción, te envío la receta secreta de mi insuperable rosquilla de Nueva York.

¡Buena suerte!
Joe
De "Las rosquillas de Joe"

P. D.:
La receta está del otro lado.

La repostera Oh estudió la receta y frunció el ceño.

—Me temo que no tengo todos los ingredientes especiales para hacer una rosquilla de Nueva York, Yum Yung. Mis pasteles están hechos con arroz, azúcar y agua. Esta rosquilla lleva harina, sal marina y miel.

Yum Yung dio un salto:

—¿Dijo harina, sal marina y miel?

—Sí —respondió la repostera Oh.

—Ahora vuelvo —prometió Yum Yung.

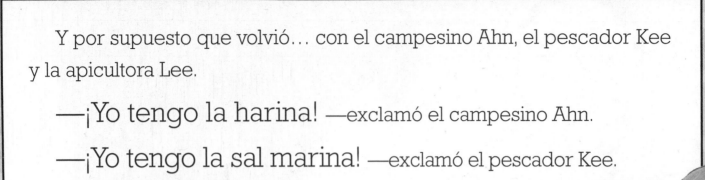

Y por supuesto que volvió… con el campesino Ahn, el pescador Kee y la apicultora Lee.

—¡Yo tengo la harina! —exclamó el campesino Ahn.

—¡Yo tengo la sal marina! —exclamó el pescador Kee.

—¡Y yo tengo la miel! —exclamó la apicultora Lee.

124

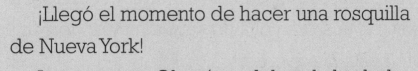

¡Llegó el momento de hacer una rosquilla de Nueva York!

La repostera Oh ató un delantal alrededor de la cintura de Yum Yung. Siguiendo la receta, el niño le indicó al campesino Ahn que tamizara la harina dentro de un recipiente. Luego, le indicó al pescador Kee que espolvoreara la sal marina. Y le indicó a la apicultora Lee que agregara una cucharada de miel a la mezcla. La repostera Oh vertió agua y añadió una pizca de levadura.

Yum Yung amasó la aromática masa y le dio forma de aro. Perfeccionó los bordes, sobre todo el agujero del centro. Luego, sumergió la masa en una gran olla con agua hirviendo. Minutos más tarde, el aro flotó hasta la superficie.

Luego, Yum Yung espolvoreó semillas de sésamo sobre el aro y lo llevó al horno.

Yum Yung observó cómo la masa se inflaba mágicamente cada vez más, hasta que casi ocupó todo el horno. Al final, ¡se convirtió en una enorme rosquilla dorada!

La rosquilla era tan grande que el campesino Ahn, el pescador Kee, la apicultora Lee y la repostera Oh tuvieron que ayudar a Yum Yung a sacarla de la "Repostería celestial de Oh". Todos resoplaron al poner la gigantesca rosquilla bajo un árbol de caqui en aquella ladera tranquila. Yum Yung cortó un trozo de rosquilla para cada uno de sus amigos.

—¡Mmm! —exclamó el campesino Ahn.

—¡Oh! —exclamó el pescador Kee.

—¡Ah! —exclamó la apicultora Lee.

—¡Mmm! —exclamó la repostera Oh.

¡Al fin había llegado el momento de que Yum Yung comiera su rosquilla de Nueva York!

Cerró los ojos y probó su primer bocado. Era una rosquilla perfecta con un toque de miel tan dulce que lo hizo suspirar. Era suave y esponjosa y crocante y deliciosa, todo eso en un solo bocado. Era tan celestial ¡que incluso pudo saborear el curioso agujero del centro!

—¡Por fin tengo mi rosquilla! —exclamó Yum Yung.

Conversación
en parejas

¿Adónde fue a parar
mi rosquilla?

por Frances Park y
Ginger Park
Ilustraciones de
Grace Lin

Usa detalles de *¿Adónde fue a parar mi rosquilla?* para contestar
estas preguntas con un compañero.

1. **Hacer inferencias** Yum Yung decide que su rosquilla debe
   estar perdida. ¿Qué hace a continuación? ¿Qué te dice eso
   sobre Yum Yung?

2. ¿Cuál es el ambiente? ¿Por qué el ambiente es importante
   para los acontecimientos del cuento?

3. ¿Cómo se unen las personas de la comunidad de Yum Yung
   para resolver el problema?

Sugerencia para la conversación

Completa la oración para pedirle a tu compañero más
información sobre una respuesta.

¿Me podrías decir más
sobre _____?

Escribir un cuento

INDICACIÓN ¿Cómo contaría el cuento la paloma? Piensa en la diferencia entre el punto de vista de la paloma y el del resto de los personajes. Usa detalles de las palabras y las imágenes para explicar tus ideas.

PLANIFICA Primero, dibuja o escribe lo que sucede primero, luego y al final desde el punto de vista de la paloma.

Primero

Luego

Al final

ESCRIBE Ahora, escribe la versión del cuento de la paloma. Incluye detalles que expliquen lo que la paloma ve, hace, oye y siente. Recuerda:

- Cuenta los acontecimientos del cuento en orden.

- Usa las palabras *me* y *mí* para escribir como si fueras la paloma.

_____

_____

_____

_____

_____

_____

_____

_____

_____

_____

Prepárate para leer

ESTUDIO DEL GÉNERO Los cuentos de **ficción realista** son historias inventadas, pero podrían suceder en la vida real.

HACER UNA PREDICCIÓN Da un vistazo a "Un mundo de arte". Una clase de segundo grado va a un museo de arte. ¿Qué crees que verán?

_____

_____

_____

_____

_____

_____

_____

ESTABLECER UN PROPÓSITO Lee para descubrir qué sucede en la excursión al museo.

Un mundo de arte

LEE ¿Qué siente el señor Lyons por el arte? ¿Cómo lo sabes?

¡Hoy mi clase hizo una excursión a un museo de arte! Nuestro maestro, el señor Lyons, dijo que crear arte es una manera en que las personas pueden compartir su cultura. En el museo, el señor Lyons nos mostró una máscara de África tallada en madera.

—Miren esta extraordinaria máscara, niños —dijo el señor Lyons—. Las máscaras son una parte de la cultura africana. La comida, la ropa, el arte, la música y las creencias forman parte de la cultura de un grupo. Miren con atención. ¿A qué les recuerda esta máscara?

—Creo que es un gato —dije. ▶

Para leer con atención

Encierra en un círculo las palabras que no conoces. Luego, intenta descubrir qué significan.

133

LEE ¿Qué son los alebrijes? <u>Subraya</u> las pistas que lo explican.

Para leer con atención

Marca las ideas importantes con un *.

Miramos obras de arte de México llamadas alebrijes. El señor Lyons nos contó que estas esculturas de animales están pintadas de colores vivos porque estos son parte de la vida diaria en México. ¡Vi un fantástico elefante tallado con alas de mariposa! Luego, el señor Lyons señaló una pantera de color verde brillante. Cuando nos preguntó a qué nos recordaba, Marcus y yo dijimos "¡A un gato!" al mismo tiempo y empezamos a reír.

Finalmente, el señor Lyons nos preguntó si todas las obras de arte son iguales, y todos dijimos que no al mismo tiempo.

—Exacto —dijo el señor Lyons sonriendo—. Cada obra de arte es diferente y especial. Eso la hace única, al igual que lo son todas las personas del mundo.

VERIFICAR LO QUE ENTENDÍ

¿Qué lección quiere el señor Lyons que aprendan los niños?

_____

_____

_____

ESCRIBE SOBRE ELLO ¿Qué aprendiste sobre las máscaras africanas y los alebrijes mexicanos? Usa tus propias palabras.

_____

_____

_____

_____

_____

_____

_____

_____

_____

_____

_____

EE. UU. Inglaterra Suecia

Prepárate para leer

ESTUDIO DEL GÉNERO ▸ La **narración de no ficción** presenta datos sobre un tema, pero parece un cuento. Mientras lees *La Fiesta de Mayo en el mundo*, presta atención a:

- el mensaje y los detalles
- ambientes reales
- diálogo, o lo que dicen los personajes en el cuento

ESTABLECER UN PROPÓSITO ▸ Haz una **predicción**, o suposición, sobre de qué tratará el texto. Usa las características del texto, como los encabezados, como ayuda para predecir. Lee para confirmar si tu predicción es correcta. Si no lo es, haz una nueva predicción.

PALABRAS PODEROSAS

acurrucarse

tronco

entregar

entrecruzar

Desarrollar el contexto:
La Fiesta de Mayo

Hawái
EE. UU. Francia

La Fiesta de Mayo

en el mundo

por Tori Telfer

ilustraciones de Lynne Avril

Uppsala, Suecia

Gustaf nunca se había quedado despierto hasta tan tarde. Observa cómo su padre arroja otro mueble viejo a la fogata. Hoy se celebra *Walpurgis*, que tradicionalmente se considera la última noche antes de la primavera.

Los vecinos de Gustaf cantan suavemente alrededor de la fogata. Su madre le trae una manta verde y un tazón de sopa.

—Por la mañana llegará la primavera —le susurra ella.

Gustaf **se acurruca** sobre la manta verde y, desde allí, siente el agradable calor de la fogata.

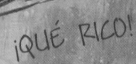

¡QUÉ RICO!

138

Austin, Texas, Estados Unidos

María y Carlos dejan una cesta de la Fiesta de Mayo en la entrada de la casa de la señora García. En la canasta hay violetas moradas y una barra de chocolate.

María toca el timbre y, luego, corre con Carlos a esconderse detrás de un roble. *¡Ñiiic!* Se abre la puerta.

María espía desde detrás del **tronco**.

—¡Feliz Fiesta de Mayo, señora García!

EE. UU.

139

París, Francia

Adèle corre por el parque con una moneda en el puño. La Fiesta de Mayo es su fiesta favorita del año. Todas las personas se visten con colores brillantes y los pájaros empiezan a cantar.

—Una azucena, *s'il vous plaît* —le pide al vendedor de flores.

Adèle regresa deprisa donde está su abuelo y le pone la flor en el ojal.

—*Joyeux premier mai, Papi!* —le dice a su abuelo.

—¡Feliz Fiesta de Mayo, abuelo!

Wailea, Hawái, Estados Unidos

A'ala ayuda a su tía Malia a prepararse para el desfile del Día del Lei. ¡Este año la eligieron Reina del Lei!

—¿Cómo me veo? —pregunta la tía Malia.

—Te olvidaste de una cosa —dice A'ala, mientras le coloca un collar de flores ilima largo y delicado alrededor del cuello. El collar huele dulce y fresco, igual que la primavera.

—Ahora tú te olvidaste de una cosa —dice la tía Malia—. Entregar un collar de ilima significa ¡recibir un beso a cambio!

HAWÁI EE. UU.

141

Peasmarsh, Inglaterra

Annabelle y Edward bailan alrededor del poste llamado mayo. ¡Han estado practicando durante semanas! Si dan los pasos correctos, las cintas cubrirán el palo formando un hermoso patrón entrecruzado. Annabelle estrena un vestido blanco y tiene el pelo adornado con una cinta amarilla: los colores de las primeras margaritas de la primavera. Edward está disfrazado del "hombre verde", siempre haciendo travesuras.

¡Ay, no! Sammy, el perro de Edward, corre hacia el mayo. ¡Parece que también quiere bailar!

¡Ten cuidado, Edward!

INGLATERRA

Usa detalles de *La Fiesta de Mayo en el mundo* para contestar estas preguntas con un compañero.

1. **Hacer y confirmar predicciones** ¿De qué manera usar los encabezados y otras características del texto te ayudó a hacer predicciones antes de leer y durante la lectura? ¿En qué acertaste? ¿Qué resultó ser diferente?

2. Compara dos celebraciones de la Fiesta de Mayo. ¿En qué se parecen y en qué se diferencian?

3. ¿Cuál era el propósito de la autora al escribir este texto?

Sugerencia para escuchar

Mira a tu compañero. Escúchalo con amabilidad y descubre lo que dice.

Escribir una descripción

INDICACIÓN Si pudieras ir a una celebración de *La Fiesta de Mayo en el mundo,* ¿cuál elegirías? ¿Cómo sería? Usa detalles del texto y las ilustraciones para explicar tus ideas.

PLANIFICA Primero, completa la red con cuatro detalles sobre la fiesta.

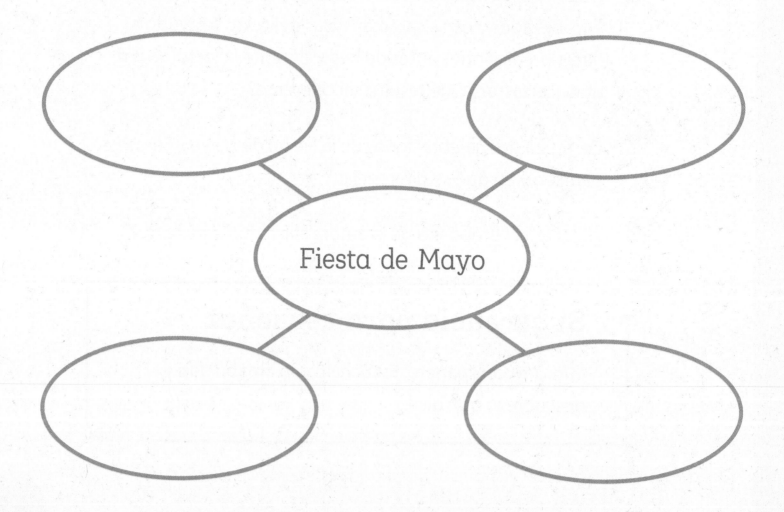

Fiesta de Mayo

ESCRIBE Ahora, escribe una descripción de la celebración de la Fiesta de Mayo a la que te gustaría ir. Cuenta qué verías, oirías, saborearías y harías. Recuerda:

- Usa palabras que describan la celebración.

- Escribe en mayúsculas el nombre de la fiesta.

_____

_____

_____

_____

_____

_____

_____

_____

_____

Prepárate para leer

ESTUDIO DEL GÉNERO La **narración de no ficción** presenta datos sobre un tema, pero parece un cuento.

HACER UNA PREDICCIÓN Da un vistazo a "¡Feliz Año Nuevo!". Ya sabes que la narración de no ficción incluye datos y detalles sobre un tema real. ¿Sobre qué crees que leerás en este texto?

_____

_____

_____

_____

_____

_____

_____

ESTABLECER UN PROPÓSITO Lee para descubrir cómo una familia celebra el comienzo de un nuevo año.

¡Feliz Año Nuevo!

LEE ¿Qué predicciones hiciste antes de leer? ¿Qué datos del texto te hicieron cambiar tus predicciones?

Para leer con atención

Marca el tema con un *.

Mi familia vive en la ciudad de Nueva York. Es 31 de diciembre y estamos celebrando el fin de año. Mi hermana Alexa y yo llevamos sombreros graciosos y soplamos cornetas. Por la ventana vemos a las personas que están reunidas afuera para celebrar. Es ruidoso y emocionante.

Mamá y Papá dicen que podemos quedarnos despiertos hasta tarde. Justo antes de medianoche, la multitud que vemos afuera comienza a contar hacia atrás los últimos segundos del año: "10, 9, 8...". A medianoche, todos gritan: "¡Feliz Año Nuevo!". Y un confeti colorido cae entre la multitud. ▶

LEE ¿Qué detalles dicen cómo se ve la celebración? <u>Subráyalos</u>.

Para leer con atención

Escribe un **?** junto a las partes sobre las que tienes preguntas.

Ahora es febrero. Estamos celebrando el Año Nuevo chino. Nuestra casa está decorada con faroles rojos. Papá explica que el Año Nuevo chino celebra la llegada de la primavera. Hoy iremos al barrio chino para celebrar.

Escucharemos miles de petardos. Las serpentinas coloridas volarán y veremos bailarines tradicionales vestidos con colores vivos. Más tarde, veremos el desfile. Los bailarines de la danza del león se paran sobre las patas traseras y dan vueltas. Finalmente, el dragón largo y colorido serpentea a lo largo de la calle. Todos aclaman y se divierten. ¡Qué Año Nuevo tan feliz!

VERIFICAR LO QUE ENTENDÍ

¿Cuál es la idea principal del texto?

_____

_____

_____

_____

ESCRIBE SOBRE ELLO Compara las dos celebraciones de Año Nuevo. ¿En qué se parecen? ¿En qué se diferencian? Usa detalles del texto en tu respuesta.

_____

_____

_____

_____

_____

_____

_____

_____

_____

_____

Prepárate para leer

ESTUDIO DEL GÉNERO Los **textos informativos** son un tipo de no ficción. Presentan datos sobre un tema. Mientras lees *¡Gol!*, presta atención a:

- detalles y datos sobre un tema
- datos sobre el mundo
- fotografías

ESTABLECER UN PROPÓSITO Lee para descubrir las ideas más importantes de cada parte. Luego **sintetiza**, o compila estas ideas en tu mente, para descubrir lo que el texto realmente significa para ti.

PALABRAS PODEROSAS

paciente

valiente

hábil

fundar

Conoce a Sean Taylor.

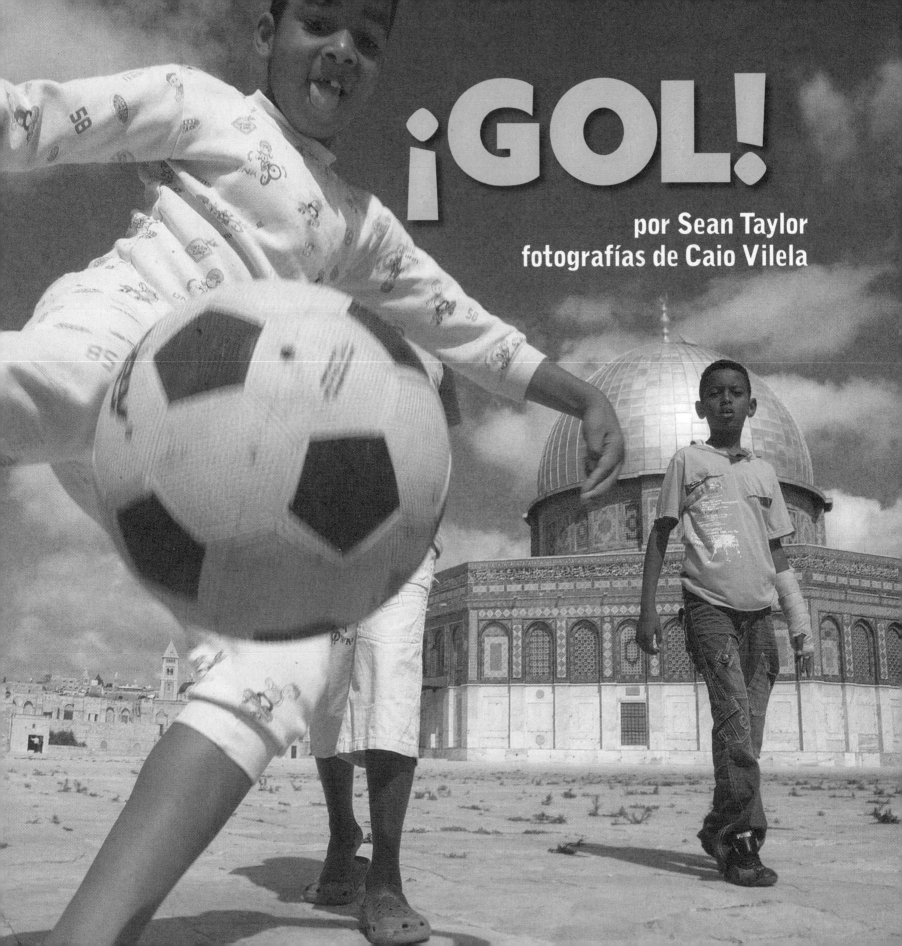

¡GOL!

por Sean Taylor
fotografías de Caio Vilela

Brasil

Donde hay una pelota, siempre habrá alguien con ganas de jugar al fútbol.

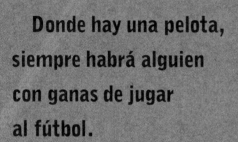

Estados Unidos

Cuando juegas al fútbol, no puedes usar los brazos ni las manos, a menos que seas el portero.

Pero sí puedes usar el resto del cuerpo: los pies, las piernas, la cadera, el pecho y la cabeza.

152

En nuestro planeta se hablan más de 6,000 idiomas diferentes. Sin embargo, los niños de todo el mundo entienden el fútbol.

En algunos deportes, los equipos pueden anotar hasta 100 puntos en un solo partido.

En el fútbol no se pueden anotar tantos goles. A veces, ni siquiera se anota uno. Hay que ser paciente. Así que, cuando llega el gol, ¡es algo muy especial!

España

Inglaterra

Cuando la pelota se pone en tu camino, puedes sentir emoción, calma y hasta un poco de miedo.

El fútbol te enseña muchas cosas: a ser veloz, a ser astuto, a observar lo que sucede a tu alrededor y a ser valiente.

Puedes jugar al fútbol en casi cualquier lugar: en un jardín, un callejón, un patio de recreo, un parque o una playa.

Para jugar al fútbol, no necesitas comprar nada. Puedes marcar los postes de la portería con dos piedras, dos palos o dos camisetas.

Si no tienes una pelota de fútbol de verdad, puedes hacer una enrollando medias, periódicos y cuerda, o incluso metiendo una naranja en una bolsa de plástico.

Algunas personas inventan máquinas. Otras inventan medicamentos. Y otras inventan trucos con la pelota de fútbol.

Uno de esos trucos se llama amague y es cuando engañas a un defensa simulando ir hacia un lado para que el defensa siga a una pelota imaginaria. Otro truco es cuando saltas y te elevas en el aire y luego pateas la pelota por encima de tu cabeza. A este truco se le llama chilena.

Jordania

Irán

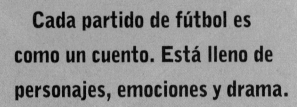

Cada partido de fútbol es como un cuento. Está lleno de personajes, emociones y drama. Y nadie sabe cómo terminará hasta que suena el silbato que anuncia el final del partido.

Nada se compara con la emoción que se siente antes de un partido de fútbol. ¡Puede suceder cualquier cosa!

Al final de un partido, puede que hayas ganado o hayas perdido. A veces, puedes perder un partido aun después de dar lo mejor de ti. Y eso también es una manera de ganar.

Pakistán

Nepal

El fútbol no consiste en mostrar lo bien que juegas, sino en mostrar lo bien que puedes jugar para tu equipo.

Los mejores jugadores no se preocupan por ser la estrella del equipo. Quieren que su equipo sea la estrella.

A la pelota no le importa si eres pequeño o grande. No le importa cuál es tu religión, de qué raza eres o dónde naciste. Ni siquiera le importa si eres un jugador hábil.

Cualquiera puede jugar… en cualquier lugar del mundo.

Jugar al fútbol es divertido aunque juegues con un solo amigo, o incluso si juegas solo.

China

Nueva Zelanda

Ningún otro deporte une a las personas tanto como el fútbol. Tampoco existe otro deporte al que jueguen tantas personas en tantos países distintos.

Cuando juegas al fútbol, siempre habrá otra persona jugando al mismo tiempo en algún otro lugar del mundo.

El fútbol en el mundo

El fútbol se juega en el mundo entero. Y en casi todos los países lo llaman fútbol, excepto en **Canadá** y en **Estados Unidos**, donde lo llaman *soccer*.

En este mapa, se señalan los países mencionados en este texto y el año en que cada uno de ellos fundó su primer equipo nacional de fútbol.

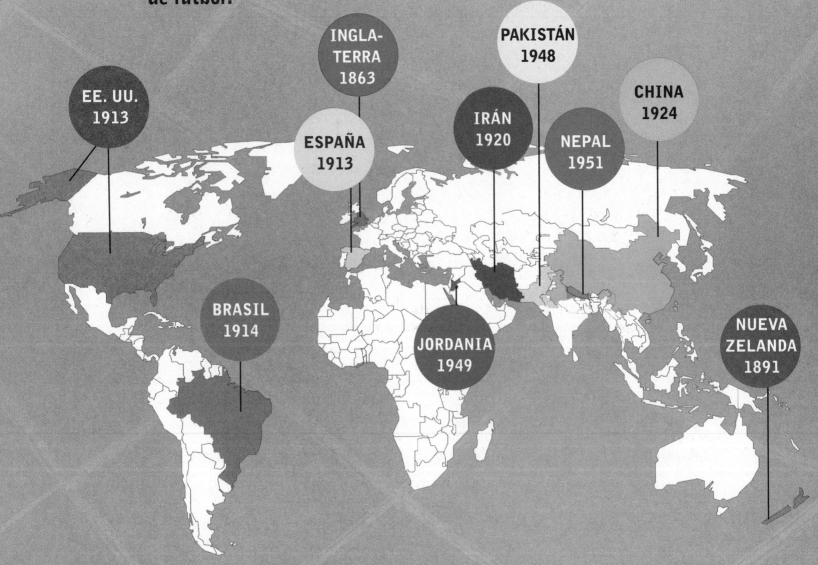

Usa detalles de *¡Gol!* para contestar estas preguntas con un compañero.

1. Sintetizar ¿Por qué crees que el fútbol es popular en todo el mundo?

2. Mira las páginas 158 y 159. ¿Cuál es la idea principal de esta sección? ¿Qué quiere el autor que los lectores entiendan sobre el fútbol?

3. ¿Cómo puedes usar el mapa de la página 160 para encontrar y entender la información sobre el fútbol?

Sugerencia para la conversación

Espera tu turno para hablar. Explica tus sentimientos e ideas con claridad.

Siento que _____ .

Escribir una opinión

INDICACIÓN ¿Qué crees que se necesita para ser un gran jugador de fútbol? Usa detalles de las palabras y de las fotografías para explicar tus ideas.

PLANIFICA Primero, piensa en las cualidades que una persona necesitaría para ser un gran jugador de fútbol. Escríbelas o dibújalas abajo.

Grandes jugadores
de fútbol

ESCRIBE Ahora, escribe tu opinión. Explica qué cualidades crees que una persona debería tener para ser un gran jugador de fútbol. Recuerda:

- Asegúrate de explicar tu opinión con razones.
- Incluye detalles que apoyen tus razones.

_____

_____

_____

_____

_____

_____

_____

_____

_____

_____

Prepárate para leer

ESTUDIO DEL GÉNERO Los **textos informativos** son un tipo de no ficción. Presentan datos sobre un tema.

HACER UNA PREDICCIÓN Da un vistazo a "¡Hora de ir a la escuela!". La mayoría de los niños del mundo van a la escuela. ¿Qué crees que aprenderás sobre las escuelas?

_____

_____

_____

_____

_____

_____

_____

ESTABLECER UN PROPÓSITO Lee para aprender sobre las escuelas alrededor del mundo.

¡Hora de ir a la escuela!

LEE ¿Cómo van los alumnos a la escuela? <u>Subraya</u> tres formas diferentes.

Cada día, niños de todo el mundo van a la escuela. ¿Cómo van a la escuela? En Sudáfrica, muchos van caminando. En Filipinas, ¡algunos niños van en un bote amarillo! En Estados Unidos, algunos niños toman un autobús escolar amarillo. Otros niños tienen el salón de clases en su casa. Ya sea lejos o cerca, a pie o en un vehículo, cuando los niños llegan a la escuela, todos hacen lo mismo: ¡aprenden! ▶

Para leer con atención

Escribe una C cuando hagas una conexión.

VERIFICAR LO QUE ENTENDÍ

¿Cuál es la idea más importante de esta página?

_____

_____

LEE ¿Cuáles son los detalles más importantes? Márcalos con un *.

Para leer con atención

Subraya una oración que muestre una opinión del autor.

¿A qué hora empieza y a qué hora termina la jornada escolar? En Brasil, algunas escuelas empiezan a las 7 de la mañana y terminan al mediodía para que los estudiantes vuelvan a casa a almorzar con su familia. En China, algunas escuelas empiezan a las 7:30 de la mañana y terminan a las 5 de la tarde.

¡Sería divertido visitar las escuelas del mundo entero! Verías a estudiantes haciendo experimentos científicos, aprendiendo idiomas nuevos, creando música y arte y divirtiéndose juntos.

Las escuelas pueden ser diferentes, pero todas tienen algo en común. No importa dónde estén, ni cómo ni cuándo los niños lleguen a ellas, a las escuelas los niños van a aprender y a crecer.

VERIFICAR LO QUE ENTENDÍ

¿Cuál es la idea principal del texto?

_____

_____

_____

166

ESCRIBE SOBRE ELLO ¿Por qué ir a la escuela es una parte
importante de la vida de los niños del mundo entero? Usa
detalles del texto y de tus experiencias para explicar tus ideas.

_____

_____

_____

_____

_____

_____

_____

_____

_____

_____

Prepárate para leer

ESTUDIO DEL GÉNERO La **poesía** usa imágenes, sonidos y ritmo para expresar sentimientos. Mientras lees *Poemas en el ático*, observa:

- cómo te hace sentir el poema
- patrones de sonidos, palabras o líneas
- palabras que atraen a los sentidos

ESTABLECER UN PROPÓSITO Mientras lees, **haz conexiones** buscando en qué se parece este texto a lo que ves en tu vida y a otros textos que has leído. Esto te ayudará a comprender y recordar el texto.

PALABRAS PODEROSAS

repleto

niñez

revolotear

arrullar

resplandeciente

duna

trepar

aventura

Conoce a Nikki Grimes.

POEMAS EN EL ÁTICO

por Nikki Grimes • ilustraciones de Elizabeth Zunon

Poemas en el ático

El ático de mi abuela está repleto de secretos.

En mi última visita, encontré poemas que escribió mamá

antes de que yo naciera; antes, incluso, de que ella me imaginara.

Empezó a escribirlos a los siete años, ¡la misma edad que tengo yo!

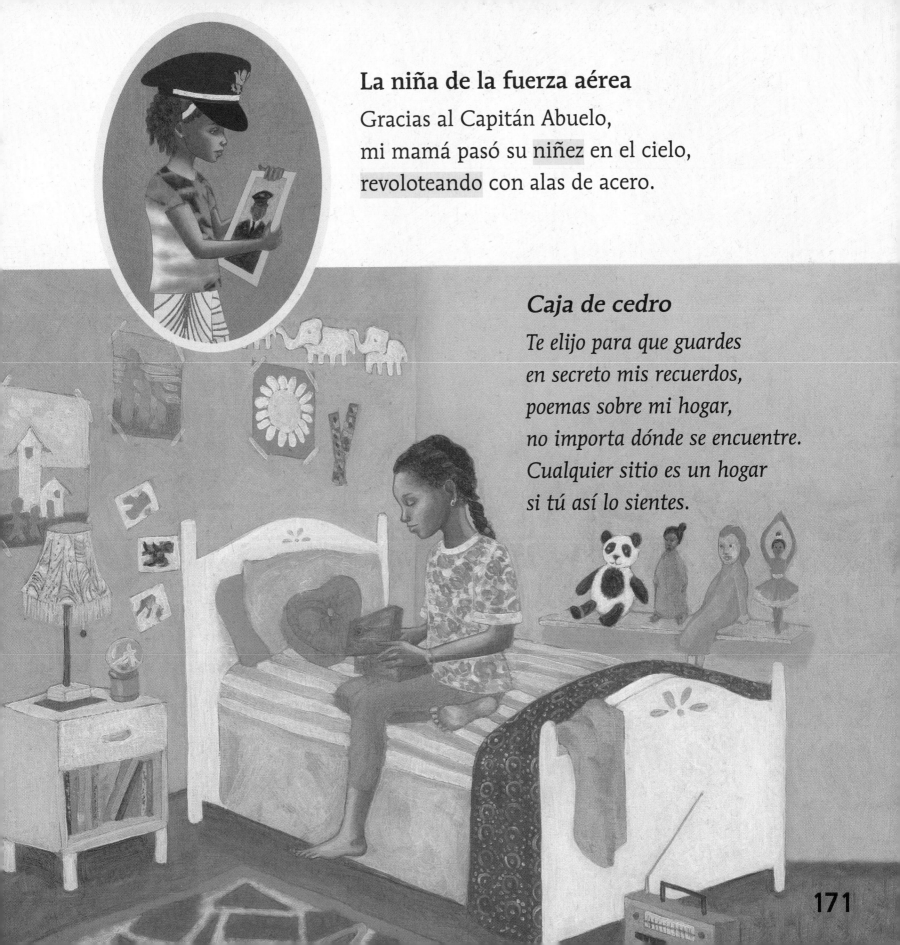

La niña de la fuerza aérea

Gracias al Capitán Abuelo,
mi mamá pasó su niñez en el cielo,
revoloteando con alas de acero.

Caja de cedro

*Te elijo para que guardes
en secreto mis recuerdos,
poemas sobre mi hogar,
no importa dónde se encuentre.
Cualquier sitio es un hogar
si tú así lo sientes.*

171

La abuela dice

Los recuerdos son como castillos de arena
que las olas desvanecen.
Mamá pegó sus recuerdos con palabras
para que duraran para siempre.

Playa Cabrillo

CALIFORNIA

Durante sus vacaciones, ¡papá me llevó
al Grunion Run a ver los pejerreyes!
Nuestras linternas los encontraron:
peces esbeltos, plateados como la luna,
abriéndose paso hasta la arena
para poner sus huevos.

172

Hora de dormir

Mi abuela canta para arrullarme
uno de los poemas de mamá.
En mi sueño aparece el cielo
que una vez sus ojos vieron.

Aurora boreal

ALASKA

Mi hermano y yo,
tomados de la mano, sin aliento,
vimos ese arcoíris danzante
que ondulaba en el cielo de Alaska
con su traje de luz y oscuridad.

173

Candeleros de papel

Al día siguiente, mi abuela trae bolsas de papel,
tijeras y pintura para enseñarme
una especie de magia que ella y mamá solían hacer
en Nuevo México cada diciembre.

Luminarias
NUEVO MÉXICO

Yo agregué festones,
mamá pintó caritas.
Cuando terminamos,
nuestras luminarias de papel,
resplandecientes, iluminaron la noche.

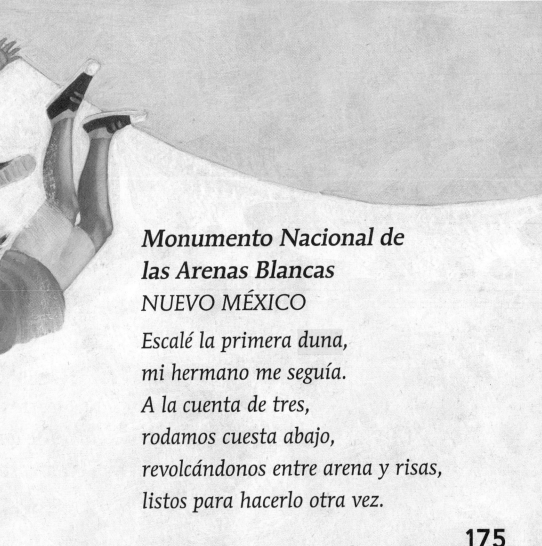

¿Quién es?

Es divertido imaginar a mamá
alborotando en su clase de manualidades
o jugando, con arena en el pelo revuelto,
y riendo como una niña, ¡como yo!

Monumento Nacional de las Arenas Blancas
NUEVO MÉXICO

Escalé la primera duna,
mi hermano me seguía.
A la cuenta de tres,
rodamos cuesta abajo,
revolcándonos entre arena y risas,
listos para hacerlo otra vez.

Sueño de nieve

Miro fotos viejas de mamá,
sonrío al ver el muñeco de nieve
que es más alto que ella.
Donde yo vivo, la nieve
nunca se deja ver.

Colorado Springs
COLORADO

Papá llegó a casa con esquíes,
cortos como mis piernas de niña.
Me los sujeté con firmeza,
arrastré los pies por el jardín
y volé cuesta abajo... en mis sueños.

176

Imagina

No ver a mamá por tres días
parece una eternidad.
Seguro que ella extrañaba a su papá
cuando se iba durante meses a volar.

El Jardín de los Dioses
COLORADO

El día de llevar a papá a la escuela,
yo mostré una foto
de nosotros dos
en el Jardín de los Dioses.
La abracé con fuerza y pedí un deseo...

177

Niños

Los niños de la escuela me molestan
porque colecciono piedras "como un niño".
La próxima vez les diré que junten
dientes de tiburón ¡"como una niña"!

Cherry Point
CAROLINA DEL NORTE

Cualquier día es perfecto
para pasear por la orilla del río.
Me resbalé entre las piedras,
coleccioné moretones y dientes de tiburón
para mostrárselos a papá cuando venga de permiso.

Navegando

Cuadros de kayaks y canoas
navegan en el azul de nuestras paredes
gracias a mamá, que los ha comprado todos.
Ahora creo que sé por qué.

Bahía de Accotink
VIRGINIA

La bahía nos llamó a los tres.
Con sigilo, dirigimos nuestro kayak
hacia la casa de los pájaros.
¡Ojalá papá nos dejara trepar
al techo y bailar sobre él!

179

La vida en la ciudad

Hemos vivido en la ciudad
desde que tengo memoria,
pero mamá no para de hablar sobre
la naturaleza y las maravillas del bosque.

Parque Brackenridge
TEXAS

Papá dice que tengo suerte.
Mamá me dejó cabalgar
en la niebla de la mañana
y, cuando se despejó, pude ver
¡una garza verde elevarse y volar!

Palillos

Durante la cena, le pido a la abuela
los palillos que mamá me enseñó a usar.
Una vez le pregunté a mamá
dónde había aprendido a usarlos
y ella simplemente sonrió.

Flores de cerezo
JAPÓN

¡Primavera! Es época de kimonos.
Me uní al desfile de niñas
que paseaban por las avenidas
adornadas con flores de cerezo.
Atrapé algunas, como copos de nieve.

Tienda de campaña

Armo una tienda de campaña
en el hermoso jardín de la abuela;
llevo una linterna para poder leer.
Los poemas de mamá y yo nos vamos de campamento.

Viaje escolar

JAPÓN

¡Mi clase se fue de campamento!
Se nos unieron libélulas y
escarabajos rinoceronte.
Comimos brochetas de calamar,
dormimos a los pies del monte Fuji.

Día de mudanza

No sé cómo ella soportaba
mudarse todo el tiempo.
Me mareo de solo pensar
en todas esas despedidas.

Siguiente estación
PORTUGAL

Mudanza número... ¿quién sabe?
Las llamamos aventuras.
Empaco mis poemas;
ojalá pudiera doblar a mis amigos
y meterlos también en la maleta.

183

Finales felices

La abuela me llama para cenar,
pero leo el último poema de mamá
una vez más.

Orgullo
WASHINGTON, D.C.

Mi corazón baila cuando
el Air Force One arroja su sombra
sobre nuestro jardín.
Papá promete que veremos esto
muchas veces, porque estamos en casa.

Hora de despedirse

Mamá viene a recogerme mañana.
Tengo una sorpresa para ella.
Estuve ocupada escribiendo
yo misma algunos poemas.

Veamos

Lápiz, crayones y papel,
perforadora y cinta: todo listo.
Trabajo hasta tarde,
copio los poemas de mamá,
y luego los uno a los míos.

De vuelta en el ático

Devuelvo los poemas de mamá al baúl,
el mismo donde los encontré,
y dejo un montón de poemas míos
para que alguien los lea también.

El regalo

Corro hacia mamá,
la lleno de abrazos y besos,
luego le entrego el libro.
Casi en vilo, espero a que
desenvuelva nuestros recuerdos.

Usa detalles de *Poemas en el ático* para contestar estas preguntas con un compañero.

1. **Hacer conexiones** Describe un momento en el que visitaste un lugar en el que nunca antes habías estado. ¿Cuál fue tu parte favorita de estar en un lugar nuevo?

2. ¿Qué quiere decir la niña cuando dice: "En mi sueño aparece el cielo que una vez sus ojos vieron"?

3. Este poema cuenta dos historias. ¿Quién es el narrador de cada historia? ¿En qué se parecen y en qué se diferencian las historias?

Sugerencia para escuchar

Aprendes de los demás al escucharlos con atención. Piensa en lo que dice tu compañero y en lo que aprendes.

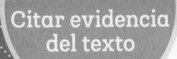
Escribir un poema de recuerdos

INDICACIÓN El personaje principal dice que su mamá pegó sus recuerdos con palabras para que duraran para siempre. Piensa en un recuerdo que te gustaría recordar para siempre. ¿Cómo lo describirías en un poema?

PLANIFICA Primero, haz una tabla. De un lado, escribe detalles sobre tu recuerdo especial. Del otro lado, escribe palabras con sonidos interesantes que describan cada detalle. Busca ideas en el texto.

Detalles	Palabras

ESCRIBE Ahora, escribe tu poema con las mejores palabras de tu tabla. Recuerda:

- Usa palabras que describan el tema.
- Piensa en cómo suenan las palabras de tu poema al combinarlas.

_____

_____

_____

_____

_____

_____

_____

_____

_____

Prepárate para leer

ESTUDIO DEL GÉNERO La **poesía** usa imágenes, sonidos y ritmo para expresar sentimientos.

HACER UNA PREDICCIÓN Da un vistazo a "Algo para compartir". Jay se olvidó de llevar a la escuela algo para compartir el Día de la Celebración de las Culturas. ¿Qué crees que hará?

_____

_____

_____

_____

_____

_____

_____

ESTABLECER UN PROPÓSITO Lee para descubrir si Jay resuelve el problema.

190

Algo para compartir

LEE ¿Cómo te sentirías si fueras Jay?

El Día de la Celebración de las Culturas, en la clase de segundo grado,

todos los niños estaban felices, excepto Jay Patel, ¡qué desagrado!

De llevar algo para compartir se había olvidado.

Por orden alfabético, la maestra uno a uno los llamó.

Enseguida Lisa Barton un juego ruso a la clase le enseñó.

Alma Green con platos de cartón una máscara especial creó. ▶

Para leer con atención

Escribe una **C** cuando hagas una conexión.

VERIFICAR LO QUE ENTENDÍ

¿Qué problema tiene Jay al principio del poema?

_____

_____

_____

191

LEE ¿Cómo se siente Jay mientras espera su turno? <u>Subraya</u> las pistas que lo indican.

Dan Jens tocó la flauta Hopi, una melodía que a todos encantó.

Pero Jay Patel sufría. Su turno pronto sería. Preocupado, esperó.

Todos dijeron "¡Hurra!" cuando Pete Orr una pizza compartió.

—Jay Patel —dijo la maestra. Era el momento, ¡qué gran aprieto!

En el frente, Jay, muerto de miedo, titubeó y suspiró inquieto.

Entonces se le ocurrió. Se imaginó a su mamá haciendo yoga.

Jay dijo: —Es hora de hacer la postura del árbol. ¡Todos de pie ahora!

¡Párense sobre una pierna! ¡Levanten los brazos sin demora!

Jay pensó: La clase de hoy fue genial, y Mamá fue mi salvadora.

Para leer con atención

<u>Subraya</u> la oración que indica cómo la mamá de Jay lo ayuda. ¿Tu predicción sobre el problema y su solución fue correcta? ¿En qué se diferencia?

VERIFICAR LO QUE ENTENDÍ

¿Cómo resuelve Jay el problema?

_____

_____

_____

_____

ESCRIBE SOBRE ELLO ¿Qué sucede al principio, en el desarrollo y al final del poema? Vuelve a contar los acontecimientos principales con tus propias palabras.

_____

_____

_____

_____

_____

_____

_____

_____

_____

_____

_____

Prepárate para ver un video

ESTUDIO DEL GÉNERO Los **videos** son películas breves que te dan información o te ofrecen algo para que veas y disfrutes. Mientras ves *Así se almuerza en diferentes países*, observa:

- cómo se relacionan las imágenes, los sonidos y las palabras
- información sobre el tema
- el propósito del video

ESTABLECER UN PROPÓSITO Algunos videos usan **elementos gráficos** al igual que lo hacen los libros. Mientras miras el video, piensa en cómo estos elementos te ayudan a encontrar información rápidamente en el video.

Desarrollar el contexto: Comidas favoritas

Así se almuerza en diferentes países

Mientras ven el video ¡Descubre qué hay para almorzar! Mira las imágenes con atención. Observa los rótulos que aparecen. ¿Cómo se relacionan las palabras y las imágenes para mostrarte lo que almuerzan las personas en diferentes países?

Usa detalles de *Así se almuerza en diferentes países* para contestar estas preguntas con un compañero.

1. **Elementos gráficos** ¿Cómo puedes usar los rótulos para comprender más acerca de cada almuerzo?

2. ¿Qué tienen en común los almuerzos?

3. ¿Cuáles de los almuerzos preferirías comer? ¿Cuáles te da más curiosidad probar? Usa detalles del video para explicar tus opiniones.

Sugerencia para la conversación

Agrega tu propia idea a lo que dice tu compañero. Asegúrate de ser amable.

Me gusta tu idea. Mi idea es _____ .

197

¡Hora de concluir!

(?) Pregunta esencial

¿Qué podemos aprender de diferentes pueblos y culturas?

Elige una de estas actividades para mostrar lo que aprendiste sobre el tema.

1. ¿Por qué estudiar las culturas?

Escribe un párrafo en el que expliques por qué es importante aprender sobre las personas y las tradiciones de distintas partes del mundo. Usa detalles de los textos para explicar tu opinión.

Desafío de palabras

¿Puedes usar la palabra armonía en tu opinión?

2. ¡*Collage* de culturas!

Piensa en los textos que leíste. ¿Qué te enseñan acerca de cómo las personas comparten su cultura con los demás? Dibuja o busca imágenes que muestren lo que aprendiste. Luego, haz un *collage*. Incluye rótulos que describan las imágenes. Comparte tu *collage* con un compañero.

Mis notas

Glosario

A

acurrucarse Si una persona se acurruca, se encoge para protegerse del frío. **Me acurruqué** en la cama mientras mi mamá apagaba la luz.

aferrar Cuando las cosas están aferradas, están unidas. El niño se **aferró** a su peluche para sentirse protegido.

agazaparse Cuando algo se agazapa, dobla las piernas o patas y baja el cuerpo. El tigre **se agazapó** entre la hierba para intentar cazar a su presa.

armonía Estar en armonía significa convivir en paz. Mi familia vive feliz y en **armonía**.

aromático Una cosa aromática tiene un olor dulce. En mi jardín cultivo plantas **aromáticas.**

arrullar Si una persona viene a arrullarme, me canta o hace sonidos suaves para ayudarme a dormir. La madre **arrulla** al bebé para ayudarlo a dormir.

asentir Si una persona asintió, hizo un gesto con la cabeza para decir que sí. Todos **asentimos** con alegría cuando nos preguntaron si queríamos ir al parque.

aullar Aullar es hacer un sonido fuerte y agudo, como una queja. El perro **aulló** cuando se lastimó la pata.

aventura Las aventuras son experiencias emocionantes. Juntos hemos vivido muchas **aventuras**.

B

bandada Las bandadas son grupos de aves. Esta mañana vimos una **bandada** de gansos en el estanque.

bocado Un bocado es una porción pequeña de comida que cabe en la boca. En el cumpleaños del abuelo, todos probaron un **bocado** de cada plato.

brincar Cuando alguien brinca, da pequeños saltos.   El hermoso caballo **brincaba** feliz en la nieve.

C

cabezudo Alguien que es cabezudo no quiere cambiar su manera de ser.   El **cabezudo** de mi primo no quiere ni pensar en cambiar de opinión.

cascar Cascar significa romper o partir.   Tienes que **cascar** el coco con alguna herramienta para poder comerlo.

cima La cima es el lugar más alto de una montaña.   No resulta nada fácil llegar a la **cima** de esa montaña.

compartir Compartir una cosa con otros es repartirla o dividirla entre todos.   Sandra **compartió** su merienda con sus amigos.

costa La costa es la tierra que está junto al mar.   Nos encanta ir de vacaciones a la **costa**.

crocante Una cosa crocante hace ruido al masticarla.   A Pablo le encantan sus cereales **crocantes**.

cultura La cultura de un grupo son las ideas y las creencias que las personas comparten.   Preparar esta comida juntos es una parte importante de la **cultura** de mi familia.

curioso Si algo es curioso, es extraño o llamativo.   Fue muy **curioso** ver a un ciervo cruzando la calle.

D

duna Una duna es una colina de arena.   El viento ha formado grandes **dunas** de arena en esta playa.

E

ecosistema Un ecosistema son todos los animales y plantas que viven en la misma área.   El **ecosistema** de este estanque se está viendo perjudicado por la basura que arroja la gente.

enojado Si alguien está enojado, está molesto o enfadado con otra persona.   Valeria estaba **enojada** porque se perdió su programa de radio favorito.

entrecruzado En un patrón entrecruzado, dos o más cosas están cruzadas o enlazadas entre sí.   Los cordones de sus zapatos estaban mal **entrecruzados** y se desataron.

entregar Entregar significa dar algo.   Me olvidé de **entregar** mi tarea a la maestra.

envolverse Si una cosa se envuelve con otra cosa, se cubre o se rodea con ella.   **Se envolvió** con la manta para abrigarse.

especie Una especie es un grupo de animales o plantas que se parecen.   En la laguna junto al bosque conviven varias **especies** de ranas.

F

fundar Si alguien fundó una empresa o institución, la creó.   Este museo fue **fundado** hace cinco años.

fundirse Cuando una cosa se funde con otra, las dos cosas se mezclan.   El camaleón **se funde** con su entorno para esconderse de sus depredadores.

G

granero Un granero es un lugar donde se guarda el grano.   El **granero** estaba prácticamente vacío después de una mala cosecha.

H

hábil Una persona hábil tiene mucho talento o capacidad para hacer una cosa.   Tom es muy **hábil** para los deportes.

hábitat Un hábitat es un lugar donde viven y crecen las plantas y los animales.   Nunca he visto un elefante en su hábitat natural.

herencia La herencia de un país es su manera de hacer las cosas que se transmite en el tiempo. El abuelo nos enseña muchas cosas sobre nuestra **herencia** cultural.

L

llegar Llegar es alcanzar un lugar. Los abuelos y los tíos se pusieron muy contentos cuando nos vieron **llegar**.

N

niñez La niñez es el momento de la vida en que eres un niño. Durante mi **niñez,** viví en muchos países distintos debido al trabajo de mi mamá.

P

paciente Si eres paciente, puedes esperar una cosa sin quejarte. Sé que debo ser **paciente** con mi hermano pequeño.

pirueta Las piruetas son vueltas o saltos. Los gatitos hacen muchas **piruetas**.

platicar Platicar es conversar o hablar. Anoche me la pasé **platicando** y riendo con mis amigos en la fiesta de Jen.

probar Probar una comida es gustar una pequeña porción. La maestra **probó** la manzana que le ofreció un estudiante.

R

repleto Si un lugar está repleto de algo, está lleno de eso. Nuestro sótano está **repleto** de objetos que ya no usamos.

resguardado Un lugar resguardado protege del viento y la lluvia. La cueva estaba en un lugar **resguardado.**

resoplar Si las personas resoplaron, respiraron con mucho ruido. Papá **resopló** con fuerza cuando intentó levantar aquella enorme piedra.

resplandeciente Las cosas resplandecientes brillan. La casa estaba **resplandeciente** después de ordenarla y limpiarla.

revolotear Si estás revoloteando, te estás moviendo de un lugar a otro. Dos pájaros estaban **revoloteando** de un árbol a otro.

ruta Una ruta es el camino que se hace para ir de un lugar a otro. Tomaremos la **ruta** más rápida para no llegar tarde al recital.

S

superficie La superficie de algo es la parte de arriba o de afuera. Los peces salen a la **superficie** cuando los alimentamos.

T

tambaleante Las cosas tambaleantes se mueven de un lado al otro de manera temblorosa. El burrito recién nacido se veía **tambaleante** cuando intentaba ponerse de pie.

toparse Toparse con algo es encontrarlo de casualidad. En la fiesta, **se topó** con una amiga que no veía hacía mucho tiempo.

trepar Trepar es subir a un lugar alto ayudándose con los pies y con las manos. Tuvimos que **trepar** por las rocas para llegar a la cima.

trinar Cuando un ave trina, canta y pía. Ese pajarito **trina** todas las mañanas junto a mi ventana.

tronco Un tronco es la parte principal del árbol, de la cual salen las ramas. El viejo árbol tenía un **tronco** enorme y podíamos escondernos detrás de él.

U

untar Una cosa que está untada está cubierta de otra cosa. **Untaron** la deliciosa tostada con manteca y mermelada.

V

valiente Una persona valiente se anima a hacer cosas arriesgadas aunque tenga miedo. Se metió en el lago a pesar de tenerle miedo al agua. ¡Qué **valiente**!

veloz Algo que es veloz se mueve muy rápido. Todos los corredores eran muy **veloces** y llegaron a la meta juntos.

Índice de títulos y autores

Reconocimientos

Abuelo and the Three Bears/Abuelo y los tres osos by Jerry Tello, illustrated by Ana López Escrivá. Text copyright ©1997 by Jerry Tello. Illustrations copyright ©1997 by Ana López Escrivá. Reprinted by permission of Houghton Mifflin Harcourt Publishing Company.

"Big Brown Moose" from *Winter Bees & Other Poems of the Cold* by Joyce Sidman, illustrated by Rick Allen. Text copyright © 2014 by Joyce Sidman. Illustrations copyright © 2014 by Rick Allen. Translated and reprinted by permission of Houghton Mifflin Harcourt Publishing Company.

Goal! by Sean Taylor, photos by Caio Vilela. Text copyright © 2014 by Sean Taylor. Photos copyright © 2012 by Caio Vilela. Translated and reprinted by permission of Henry Holt Books for Young Readers, Frances Lincoln, Ltd., and Tuva Editora. CAUTION: Users are warned that this work is protected under copyright laws and downloading is strictly prohibited. The right to reproduce or transfer the work via any medium must be secured with Henry Holt and Company.

"El grillo" from *También los insectos son perfectos* by Alberto Blanco, illustrated by Diana Radaviciuté. Text copyright © 1993 by Albert Blanco. Illustrations copyright © 1993 by CIDCLI. Reprinted by permission of CIDCLI.

"La hormiguita" from *Mamá Goose: A Latino Nursery Treasury/Un tesoro de rimas infantiles* by Alma Flor Ada & F. Isabel Campoy. Text copyright © 2005 by Alma Flor Ada & F. Isabel Campoy. Reprinted by permission of Hyperion Books for Children, an imprint of Disney Publishing Worldwide.

The Long, Long Journey (retitled from *The Long, Long Journey: The Godwit's Amazing Migration*) by Sandra Markle, illustrated by Mia Posada. Text copyright © 2013 by Sandra Markle. Illustrations copyright © 2013 by Mia Posada. Translated and reprinted by permission of Millbrook Press, a division of Lerner Publishing Group, Inc.

"May Day Around the World" by Tori Telfer, illustrated by Lynne Avril from *Ladybug* Magazine, Volume 20 Issue 5, May/June 2010. Text copyright © 2010 by Carus Publishing Company. Translated and reprinted by permission of Cricket Media. All Cricket Media material is copyrighted by Carus Publishing d/b/a Cricket Media, and/or various authors and illustrators. Any commercial use or distribution of material without permission is strictly prohibited. Please visit http://www.cricketmedia.com/info/licensing2 for licensing and http://www.cricketmedia.com for subscriptions.

Excerpts from *Poems in the Attic* by Nikki Grimes, illustrated by Elizabeth Zunon. Text copyright © 2015 by Nikki Grimes. Illustrations copyright © 2015 by Elizabeth Zunon. Translated and reprinted by permission of Lee & Low Books Inc.

"Polar Bear Family" from *Polar Bear, Arctic Hare: Poems of the Frozen North* by Eileen Spinelli, illustrated by Eugenie Fernandes. Text copyright © 2007 by Eileen Spinelli. Illustrations copyright © 2007 by Eugenie Fernandes. Published by WordSong, an imprint of Boyds Mills Press. Translated and reprinted by permission of Boyds Mills Press.

Excerpt from *Sea Otter Pups* by Ruth Owen. Text copyright © 2013 by Bearport Publishing Company, Inc. Translated and reprinted by permission of Bearport Publishing Company, Inc.

Where on Earth is My Bagel? by Frances and Ginger Park, illustrated by Grace Lin. Text copyright © 2001 by Frances Park and Ginger Park. Illustrations copyright © 2001 by Grace Lin. Translated and reprinted by permission of Lee & Low Books Inc.

Créditos de fotografía